网格决策

商业成功背后的关键模型

［英］马特·沃特金森（Matt Watkinson） 著

赵竞欧 译

中信出版集团|北京

图书在版编目（CIP）数据

网格决策 /（英）马特·沃特金森著；赵竞欧译
.-- 北京：中信出版社，2022.5
书名原文：The Grid: The Decision-making Tool for Every Business
ISBN 978-7-5217-4073-8

I.①网… II.①马… ②赵… III.①企业管理－经营决策 IV.① F272.31

中国版本图书馆 CIP 数据核字（2022）第 037589 号

Copyright © 2017 by Matt Watkinson
This edition arranged with RANDOM HOUSE-CORNERSTONE through Big Apple Agency, Inc., Labuan, Malaysia.
Simplified Chinese edition copyright © 2022 by CITIC Press Corporation
ALL RIGHTS RESERVED
本书仅限中国大陆地区发行销售

网格决策
著者：[英] 马特·沃特金森
译者：赵竞欧
出版发行：中信出版集团股份有限公司
（北京市朝阳区惠新东街甲 4 号富盛大厦 2 座 邮编 100029）
承印者：宝蕾元仁浩（天津）印刷有限公司

开本：787mm×1092mm 1/16　印张：20.5　字数：281 千字
版次：2022 年 5 月第 1 版　印次：2022 年 5 月第 1 次印刷
京权图字：01-2017-9007　书号：ISBN 978-7-5217-4073-8
定价：69.00 元

版权所有·侵权必究
如有印刷、装订问题，本公司负责调换。
服务热线：400-600-8099
投稿邮箱：author@citicpub.com

目录

前　言 // III

引　言 // V

第一部分　快 道

网格提供的是全局视图，它可以帮你打破决策盲区，处理好各个要素之间的关系，做好取舍和决策。

第一章
什么是网格决策.................................. 003

第二章
掌握网格中的 9 个要素........................... 013

第三章
网格决策的应用场景.............................. 043

第二部分　深 潜

在深入了解网格各元素后，无论是企业还是个体，都将获得用系统思维解决问题的最优路径。

第四章
需求：让产品有吸引力且实用.................. 061

第五章
竞争对手：最小化正面对抗的方法............ 089

第六章
产品：提高功能价值与符号价值 ……………… 107

第七章
收入：如何专注做利润高的产品 ……………… 131

第八章
议价能力：取得供需博弈的胜利 ……………… 155

第九章
成本：掌握成本比例与收支等式 ……………… 179

第十章
客户群：有效提高利润率的运营动作 ……… 201

第十一章
可复制性：打造产品的"护城河" …………… 223

第十二章
适应性：企业的长期主义 …………………… 251

结　语 // 275

注　释 // 279

参考文献 // 301

致　谢 // 311

前　言

从某个层面讲，这是本浅显易懂的商业书。网格是一种工具，可以帮助我们做出更好的决策。它为我们提供了一个认清现存商业模式里存在的问题和机会的框架，以测试全新的商业理念，无须任何经验，但其潜在的作用却不止于此。

大多数人都有职场企图心。有些人梦想着为自己工作，有些人希望在雇主领导下逐步晋升。很多人热爱自己的本职工作，但希望扩展自己的知识储备。不断追求和达成这些目标的过程将会带给人们巨大成就感和满足感。

本书旨在帮助你在向目标迈进的过程中提高决策能力。这样不仅能让你获得个人的成功和满足，更能让社会作为一个整体取得进步。

英国统计学家乔治·博克斯曾经说过："本质上说，所有模型都是错误的，但有些是有用的。"[1]他坚定地认为模型永远无法表达真实世界的复杂性，但是它们仍然是有价值的。它们为我们的思考提供框架，阐释我们要解决的问题，并帮助我们驯服真实世界的复杂性。

在网格里，我希望你能够找到一个相对来说错误少一点，并且更有用一点的模型。

引 言

"沃特金森先生,您也看到了,除了手术我们别无选择。"医生指着屏幕上一张模糊的扫描片说。

"动哪一个?"我问。

"两个都得动。"

几个月来我一直在锻炼:举重,骑自行车,跑步,然后我的膝盖开始疼痛。最后疼到我不得不完全终止锻炼,去求助外科医生。他给我约了一个下周的关节手术,两边的关节都得手术。

六个月之后,很明显,关节手术没有解决问题,我还是很疼,无法锻炼。我尝试了各种理疗和整骨方法,下半身还装了支架滚轮,却依旧不见起色。最后我孤注一掷,找到了家附近的一位运动恢复专家,她叫妮可·帕森斯。

她耐心地听我抱怨了一番，从包里取出一些高科技器械：一把尺子、一架照相机和一块黑板，黑板上有一些粘贴的东西。她拍了些照片，用尺子量了量，在黑板上画了张草图，然后给我看了她的诊断。

她解释道，我的问题和膝盖毫无关联：我从肩膀以下到脚的肌肉群都是失衡的。也就是说我的臀部和膝盖错开了，所以当我迈腿时，所有的骨骼和关节四处拉扯，从而造成疼痛。她用一种叫作"Egoscue"的方法，为我开了锻炼处方，以重新平衡肌肉群并改变我的姿势。[1] 她的方法见效了。随着有规律的运动课程的持续展开，不久以后我就能够重新开始跑步了。

在运动课上，当我躺在运动垫上时，我深受触动：这种情况和我在工作中的体验是何其相似啊。人们就商业的一个部分做出决定，却无法意识到该决定可能会对其他部分带来何种影响。我们会找到一个问题并尝试解决，却无法找到问题根源，反而让事情变得更糟。所有人都喜欢从自己的专业入手，却没有人像妮可那样，从整体入手。我想，能否从她的方法中学到些什么，来解决工作中的问题呢？于是我问她是否有什么值得推荐的书。

出乎我的意料，她推荐了一本叫作《解剖列车》(*Anatomy Trains*)的书，书中解释了人体的肌肉群如何彼此关联成为一个系统。[2] 当晚我就在网上订购了一本，显然，正是我的膝盖手术和我与妮可的对话成就了诸位此时正在读的这本书。

这些事件恰好发生在我的职场生涯中最激动人心的时刻。两年前，作为一名独立设计师，我意识到所有尝试做出更优秀产品、服务和用户体验的方法都可以得到显著改善。

我们不断地收集客户数据并测试结果，但并未使用任何可靠的原则来解释发现和指导决策。效果飘忽不定，转瞬即逝。在我很小的时候，我的工程师父亲就教育我，决策的首要原则就是正确的开始。那么体验设计的首要原则是什么？我不禁陷入沉思。

我认为一定存在一些简单的原则，可以帮助人们在更少的时间内，用更低的成本，持续做出更为正确的决策，所以我开始尝试找到这些原则。经过三年的研究，我总结出十条可以适用于提高任何产品或服务体验的原则。一年以后，《体验制胜》（*The Ten Principles Behind Great Customer Experiences*）一书上架了。[3]

这本书颇受好评，我听到来自世界各地的读者利用这些原则增强企业的反馈故事。如我所愿，这些指导准则被证明是通用的，该书还被评为2014年CMI（特许管理公会）管理数据年度好书。

对我来说，这个过程中发生的最好的事情就是，客户现在在项目的早期阶段就寻求我的介入，而不是在行政决策下达几星期或几个月后，我被要求帮助塑造新的理念和更为战略性的建议。

在第一线目睹企业各个阶段决策所涉及的困难，这一过程令人着迷。大部分客户没有一个智能的方法对所面临的选项进行评估，通常也不知道自己的决策是否正确。大量机会被错过，时间和金钱上的损失也是巨大的。

大概就在这个阶段我遇到了妮可和她推荐的解剖教科书，从而充分认识到，任何时候，当某个事物由多个彼此关联的部分组成时——不论是身体还是企业——它的总体行为都无法只通过观看孤立的部分来决定，而需要综合分析。

但这不会在现实中发生。人们可不会站在企业的"宇宙飞船视角"来做决策。在该视角，所有的因果和总体行为都清晰可见。人们做决策时往往站在地面视角，他们的部门或技能形成一条水平线，他们的视野无法超越其上。这样会问题重重，当决策者孤立地看待企业的每个部分时，他们无法认识到个别决定不断叠加，可能会导致事与愿违、节外生枝。

而如果我们把企业作为整体来观察，就会做出更为正确的决策，成功的天平也会越来越倾向于我们。在这个理念的支持下，我开始研究顶尖的企业思想家在全盘考量企业方面会有怎样的观点。出乎我的意料，很少有人真正思考这个问题。

学术性的商业书籍一般都非常专业化，因为这些学者都是某方面的专家，因此他们不会特别关注全盘思考。那些针对某个特定主题的书也是同样道理：它们深入各自领域的细微之处，但很少从整体角度进行阐释（我的第一本书也不例外）。企业家写的书往往过于八卦，读者很少能看到他们的经验如何应用于其他行业。很多书提到企业是一个彼此关联的系统，但很少深入探讨这句话的深刻含义。

企业的每一个方面都有无数模型、指标、框架和思路，但全都不适合企业整体，并且经常彼此矛盾。这就解释了为什么很多我曾经工作过的企业完全回避理论。框架如此之多，每一个都用不同的方法解释和处理问题，客户无从了解该采用哪一种，就算知道，大部分模型也只能保证在企业的某一方面卓有成效，而不是各个方面都能成功。

这对我来说是另一个大问题。根据我和客户打交道的经验，没有一个简单通用的原则集合，能让人们在做决策时进行结构化思考——不论该决策是战略性的还是实践性的。因此几乎无法形成结构化的团队讨论，从而犯下愚蠢的错误。因为如果我们沉浸于细节，就看不到最基础的东西。

面对这两大问题——简单化思考以及缺乏可遵循的简单原则（这两个问题在各行各业、各种规模的企业里都很常见），我意识到我们需要的是一个做出商业决策的更好的方法。

所谓"更好的方法"，应该让决策者能够将企业视为一个整体，同时帮助他们认清可以提高总体成功的行为。这种方法应该适用于任何企业，简单易懂；最重要的是，它应该非常务实。

经过几千小时的研究、数不胜数的不眠之夜和超过150次的重复，我找到了这个结果，我称之为"网格"。

网格

网格是一种协助做出更好决策的工具，无论对象是何人或任何企业。当然，市面上不乏各种方法、工具和框架，如果你对出现一种新的工具心存疑虑，我非常理解。然而我想告诉你的是，网格有一些与众不同的特点，或者说它有一些特别。

它让你进行全盘思考

企业思考总是基于分析方法：将事物分为小块，然后孤立地研究每一块。问题在于企业里的一切都彼此关联——整体并不意味着部分的总和。

由于大部分框架都基于这种传统的、简单化的世界观，它们无法说明我们的行为如何影响企业的整体，因此我们会做出事与愿违的决策。我们也许会缩减生产成本，希望获取更大收益，但不小心让产品的质量降低，反而导致销售额减少，收益率降低。我们也许会改变品牌设计，希望吸引新的客户，但却疏远了现有的客户，并最终失去他们。

网格将企业视为独立的但同时又相互联系的系统，和环境密不可分。网格提供了一个全局视图，让你可以针对相互矛盾的目标，考虑取舍并做出决策，实现企业的整体成功。所有这些正是从成功到卓越的必备技能。

其他科学也都以系统的世界观为基础，比如物理学、数学、生物学和生态学，即便是经济学也在朝这个方向发展。[4] 商业思维也是时候这么转变了。网格不仅仅是一个闪闪发光的全新模型，它更是一个现代的使者，一个关于管理、决策和战略的整体思路，它必将成为我们的指导准则，如在其他科学中所实现的一样。

它认为世界是不断运动的

每一个企业都处于永不停歇的流动状态。环境总在变化，尽管变化时大时小。企业本身亦是如此。遗憾的是，大部分分析工具都认为世界是静止不动的。

今天我们的强项和弱项是什么并不重要，重要的是未来强项是否更强，弱项是否更弱，明天的情况又是如何。大部分工具都会要求你对现有状态进行"截屏"，而网格会帮助你认清什么正在改变以及改变的原因。网格认为世界是动态的、不断变化的，从而根据前进的方向，而不是地图上的某一个定点来帮助你进行决策。

它普遍适用

市面上有关创业、建立小型企业或管理跨国企业的书多如牛毛，更不乏特定行业的书，却鲜少出现真正触及所有企业本质的书。

无论你的企业的规模多大、专业是什么或年限有多长，通过回到企业经营的最基本元素，网格将成为你的朋友。对于直接业务领域之外的组织，比如非营利性组织和政府来说，它也是个有效的工具。你甚至可以利用网格来指导个体的事业决策。

它既服务团队，也造福个人

我是这样对朋友描述这本书的：它面向两种类型的读者——不太懂的和懂很多的。大多数人对某一领域懂得很多，而对另一领域懂得太少——我们是某方面的专家，也是某方面的文盲，我们之中最睿智的人，也会犯最低级的错误。这就是为什么飞行员和外科医生都会逐项核对一张最基本的清单，在他们起飞或把手术刀扎进你的身体之前。

最重要的是，在我们的个性和片面的世界观让协作和团队变得如此重要和有价值的同时，也让这个过程变得令人恼火。如果我们都相信自己的观点是正确的，最后的结局只能是一帮世界观迥异的人在一起吵来吵去。

这就是网格发挥作用的地方。它允许每个人从所有重要的角度来考虑一个问题，或者一个决策可能产生的影响。它让金融部门看到了营销视角，反之亦然。不同规则下的人可以用一种通用的语言进行结构性对话，使用共同的参考点。它促使你从多个方面思考，把团队精神从激励变为现实。如果你是单枪匹马，网格会帮助你改变故意忽视自己不喜欢的东西的习惯，在事业成功的过程中扮演一个决定性的角色。

它是现有工作模式的补充

网格主要是一个工具，帮助你将思考结构化并进行决策。它不需要任何形式的正式"采用"，只是在需要的时候，把它带入自己的工作，个人或团队均可。它是主流工作方式的自然补充，比如"精益创业运动"（lean start-up movement），网格可以运用于其中，形成待验证的假设。

本书结构

本书分为两个部分："快道"和"深潜"。

快道

第一部分介绍了开始使用网格的所有基础知识。第一章对网格以及它的基本原则构成进行了介绍；第二章进一步详细阐述了细节；第三章展示了如何在实践中应用网格，并考虑了三个场景：创建一个新企业、产品或服务；评估一个现有的企业；以及，做一个战略决策。

深潜

第二部分对所有主题进行了深入探讨，其中一章专门介绍了网格的每一个方框。理论上讲应该按顺序阅读这部分，尤其如果你正处于创业中，但是如果第一部分的某个主题特别打动你，那你就把它和第二部分的相关内容打包在一起，只挑自己感兴趣的来读吧。

读者还可以从我的网站 www.matt-watkinson.com 下载模型副本。

欢迎诸位！

第一部分
快 道

网格提供的是全局视图，它可以帮你打破决策盲区，处理好各个要素之间的关系，做好取舍和决策。

第一章

什么是网格决策

我第一次为别人解释网格决策时，都会在纸上画出草图，一步一步详细说明。人们亲眼看到我逐步构造出网格，会不由自主地被吸引，并且认识到这种方法虽看似简单却蕴含着巨大力量。现在我将和你们谈一谈网格，仿佛我们正相依而坐，面前是一沓白纸。

成功的企业拥有三个要素。

- 首先是**希求性**（desirability）。如果客户不想或者不需要你提供的东西，则该企业从本质上就有问题。
- 第二是**盈利性**（profitability）。如果客户喜欢你所提供的，但是成本远高于收益，则该企业也不会长久。
- 第三是**长期性**（longevity）。一夜发家又一夜破产，这毫无意义。

如果你每天赚 100 美元，那能保持的天数越多越好。另外，客户也不情愿投资一个很快就会赔本的企业。

这三者是相互依存的。有希求性无盈利性不可行，只具有长期性而缺乏另外两者亦不可行。智慧的企业决策可以同时增强这三者，或者巧妙地在这三者之间权衡：牺牲一点希求性以换取利润大幅度上涨，这也许可行，但如果操之过度，就会伤害到企业的长期性，客户会改变选择，转往他处。

真正的困难在于，你必须在环境不断变化的情况下，一直围绕这三个目标进行决策。企业就好比一艘漂浮在大海上的船，洋流朝一个方向流动，而风吹往另一个方向。现在水面风平浪静，下一秒就惊涛骇浪。若想驾船前行，必须要考虑多重因素。企业决策亦是如此，在企业领域，广义来讲，改变通常产生于三个主体。

- **客户**需求和行为发生改变。没有客户就没有企业，所以关注来自客户的改变至关重要。
- **市场**条件也会发生改变。新对手的产生，行业的兴衰，政府新的监管政策，诸如此类的因素都会影响企业的成功。
- **组织**——企业本身——也在不断发生改变。随着企业的发展，你将会发现其能力、优势和劣势都在改变。也许企业的劳动力和现金流在增加，但失去了灵活度。

现在有趣的事情发生了。我们明确了三个目标：**希求性**、**盈利性**和**长期性**。我们还明确了三个不断变化的主体：**客户**、**市场**和**组织**。

由于商业领域的一切都彼此联系，每一个主体都会影响每一个目标：比如，竞争中的改变会影响盈利，客户的改变会让产品的吸引力降低。

为了说明这一点，我们来画一张表格，每一列代表一个目标——希求性、盈利性和长期性，每一行代表一种变化——客户、市场和组织。因此我们有了一张有着 9 个方框的网格，每一个方框都包含着一种可能影响成功的因素，而当我们把这些因素综合在一起考虑时，会出现一个企业的全盘视图。这 9 个方框共同决定了每一种企业的兴衰存亡。

那么，这 9 个方框都包含了什么？我们一列一列来看，首先从希求性开始。

	希求性	盈利性	长期性
客户	需求		
市场	竞争对手		
组织	产品		

希求性

  决定希求性的因素有三个：客户的**需求**、市场上的**竞争对手**以及企业的**产品**。让我们来考虑如下场景。

  如果客户需求发生改变，但企业提供的产品或服务保持不变，希求性下降则显得合情合理。

  如果出现非常优秀的竞争对手，可以预想自身会受到冲击。(当然，对手的改变也可能成为你的机会，竞争者的失误可能会让你的产品更受欢迎。)

  最后一个场景，如果客户需求和对手都保持不变，但是通过改善产品，希求性也会增加。

盈利性

来自客户的**收益**和组织内部的**成本**会对盈利产生影响,这理所当然,那么中间方框中的**议价能力**是什么?它经常被忽略,实则对企业成功至关重要。

任何一个企业都夹在其客户和供应商之间。供应商当然愿意用两倍的价钱卖出一半的商品,因为这样才能增加利润。而客户自然也在为自己寻找最划算的交易。这意味着你不仅仅在和对手竞争,你和供应商以及客户的关系也存在着一个竞争元素。谁的议价能力最高,谁就会拿到最好的交易。[1]

议价能力十分重要,如果缺乏该能力,你将被挤压在客户压低价格、供应商抬高成本之间难以生存。如果你身在高处,则必须挤压回去，和供应商议价降低自己的成本，或者在客户即便有其他选择的情况下，也提高售价。

但使用权力也是有风险的，如果过度使用，会导致反感，以失败告终。这一点稍后会详加叙述。

长期性

没有客户就没有企业。客户越多、保持客户的时间越长，企业生存和繁荣的概率就越高。因此，全世界企业的首要目标都是日益增长和忠诚的**客户群**。

一个有吸引力、有收益的产品，如果无可替代，确实前程似锦。瑞典巨头宜家和利乐公司都创建了无可复制的企业特点，前者的生态系统令他人难以完整复制，[2] 后者则拥有无菌牛奶包装盒的专利。[3]

一样事物越容易被复制，长期来看，竞争就越激烈，收益也越小。**可复制性**在决定企业长期性方面起着关键作用。

最后，企业的适应能力直接决定其能否长期生存。最终都会有一个巨大的（通常是毫无预期的）改变会落在每一家企业的门口——想一下数字下载对音乐产业的改变，或搜索发动机对黄页的改变。

当改变发生时，企业如果已经丧失了**适应性**，可能毁灭于瞬间。而无数例子说明，在追求短期利益的过程中，组织牺牲了其适应能力，当重新意识到问题的严重性时，通常已经太晚了。回到航海的比喻，一艘被牢牢锚定的船在天气变化时是无法移动的，最后只能葬身海底。

结论

我们已经快速浏览了网格的组成，看一下可能得出哪些基本的结论。

每一格都很重要

首先，可以看到每一格都很重要。如果这九个方面的任一方面被遗忘、考虑不周或被忽视，都可能导致做出让成功企业脱轨的决策，或者永远无法建立一个全新的成功企业。

一两个领域的杰出无法保证成功，成功来自所有的九个方格。当然，有时候某个方格的重要性会特别突出，但只要失去一格就会酿成灾难。

试想你创造了一个优秀的产品，只是你知道有一个强有力的对手不仅可以复制你的产品，甚至可以做得更好。你所做的一切只是向对手证明机会的存在。你的辛劳付诸东流，只是因为一个方格——可复制性。

更糟糕的情况是，想象一下创造该产品涉及的所有成本，却发现该产品并不符合客户的要求和需要，或者它无法为企业带来足够的效益以收回成本。这种令人心碎的事每天都在发生，不是因为人们不够聪明或不够努力，而是因为人们很容易忽略简单的东西。所有九个方格都很重要，忽略一个就会带来麻烦。

一格的改变会带来别格的改变

另一个重要结论是：一格的改变会带来别格的改变。如果疏于洞察，客户需求的变化将影响客户群的大小和收益；如果你变得容易复制，竞争对手将会增加，议价能力将会降低；通过提升效率来削减成本，通常都会以牺牲适应性作为代价；如此种种。

之前我提过商业思维通常只关注归约和分析：把问题拆分为越来越小的部分，然后对每个小部分极尽细致地探索。现在可以发现，真正的挑战完全不在于分析，而是综合。决策过程不是以牺牲某方面为代价来优化另一方面，而是保持这九个元素的平衡，请选择你的战役来赢得整个战争。

常识很重要

既然成功来自所有九个网格，那就意味着作为一个个体你必须发展某些技能。但对于小企业主、企业家和 CEO（首席执行官）们来说，一般性理解更重要。而网格告诉我们，这对其他人来说同样重要。

在一个人人都是某方面专家的世界，绩效改善往往较少来自强有力的竞争，而更多来自良好的协调力；较少来自深化专业技能，更多来自扩展通用知识。

决定你总体成功的并不是你工作有多出色，而是你的专业技能对网格其他区间的潜在影响。创办一个成功的企业需要确保所有九个元素彼此加强，而不是彼此损害。

必须牢记终点，而不是途径

在网格里看不到很多对企业成功至关重要的主题。在硬件要素方面，如工序和技术；以及软件要素，如员工和文化等。这些要素都是必要的考量，占据了许多决策者每天的大部分时间。为什么这些要素在网格里没有自己的一席之地呢？

因为这些要素都是企业成功的辅助工具，而不是直接原因。也就是说，它们是方法而不是终点。网格的目的是提供一种更智能的方式来思考原因。

比如，企业常常面临的一个考虑是是否投资一项新技术。你可以按照网格的每一格进行评估：该技术会降低成本吗？会影响可复制性吗？可以增强产品吗？适应性增加还是减少？

可以看到，技术本身不直接决定成功——其影响在网格中自有体现。可以省钱的技术如果对客户体验或未来适应性有所损害，那就不是一个好投资。

组织文化对企业成功的影响也是同样道理，也体现在这九个格子里。组织往往特别强调网格中的某些元素：重视收入高于利润；对竞争对手严阵以待；或者着迷于品牌效应，而不顾商业可行性。还有些企业文化在环境改变的时候无法适应。再次强调，网格提供了一种方法，可以观察组织文化的影响，并对该影响进行整体考虑。

网格绝不是对人的蔑视，而是帮助人们团结协作，更有效工作、分享观点和解决问题的一个工具。它还可以帮助你从更广泛的背景讨论人事，在招聘和人员安排方面做出更有力的决策。

网格的每个元素背后都包含着员工的专业、智慧和判断力。它们创造客户体验，提出建议并最终决策。它们管理供应商并控制成本。在网格里，它们不是无处可寻，而是无处不在。它们不是作为个体出现在网格中，因为它们的影响普遍存在。

第二章

掌握网格中的 9 个要素

使用网格的下一步将更加具体：了解客户的想法和需求是一回事，用一个结构准确识别这些需求则完全是另一回事。

本章为网格的每一格引进了三个元素。大多数元素都为人熟知，无须特别记忆或做笔记。只需对每一个元素有一个基本的理解即可开始。

我用两个案例研究来说明，如果任何一个元素出现偏差会出现什么样的结果。这些结果强调了本书的两大主题：每一个元素都很重要，以及一个元素的改变会对其他元素产生影响。

	希求性	盈利性	长期性
客户	**需求** ● 价值和信念 ● 目标 ● 壁垒	**收入** ● 收入模式 ● 价格 ● 销量（数目和频率）	**客户群** ● 认知度 ● 获取 ● 保留
市场	**竞争对手** ● 品类 ● 地域 ● 替代者和取代者	**议价能力** ● 与客户 ● 与供应商 ● 规则和法规	**可复制性** ● 法律保护 ● 持久优势 ● 竞争者滞后
组织	**产品** ● 主张 ● 客户体验 ● 品牌吸引	**成本** ● 可变成本 ● 固定成本 ● 资本支出	**适应性** ● 现金状况 ● 可扩展性或能力 ● 复杂度和僵化度

希求性

需求

客户需求由三个元素组成：

- 客户选择的产品和服务反映他们的**价值和信念**。比如骑一辆哈雷摩托车，或相信像素更高的相机更好，等等。
- 每一个产品或服务也是一个客户达成自己**目标**的工具。比如减肥、学习一门外语或安排一个会议。
- **壁垒**是阻挡客户达成目标或不让客户采用你的产品或服务的绊脚石。比如资金承受能力、需要掌握的技能或者已有的产品无法和你的兼容。

	希求性	盈利性	长期性
客户	**需求** ● 价值和信念 ● 目标 ● 壁垒	**收入** ● 收入模式 ● 价格 ● 销量（数目和频率）	**客户群** ● 认知度 ● 获取 ● 保留
市场	**竞争对手** ● 品类 ● 地域 ● 替代者和取代者	**议价能力** ● 与客户 ● 与供应商 ● 规则和法规	**可复制性** ● 法律保护 ● 持久优势 ● 竞争者滞后
组织	**产品** ● 主张 ● 客户体验 ● 品牌吸引	**成本** ● 可变成本 ● 固定成本 ● 资本支出	**适应性** ● 现金状况 ● 可扩展性或能力 ● 复杂度和僵化度

竞争对手

三大元素决定你面对的对手，以及对手可能发生的改变：

- **品类**——你提供的产品或服务种类决定你必须满足的基本要求，以保持你的竞争力。竞争对手在这一领域开展业务的难易程度，以及该品类的受欢迎程度是在增长还是下降，都会影响竞争的强度。
- **地域**——企业所在地和覆盖的地理范围——会影响到机会的大小和面对的对手。
- 最后，在你选择的领域总会有**替代者和取代者**，即客户所拥有的其他选项，可以此来评判你的产品的吸引力。替代者指的是直接竞争对手，比如各大航空公司之间。取代者指的是非直接对手，比如本地航空公司和火车服务之间。

	希求性	盈利性	长期性
客户	**需求** ● 价值和信念 ● 目标 ● 壁垒	**收入** ● 收入模式 ● 价格 ● 销量（数目和频率）	**客户群** ● 认知度 ● 获取 ● 保留
市场	**竞争对手** ● 品类 ● 地域 ● 替代者和取代者	**议价能力** ● 与客户 ● 与供应商 ● 规则和法规	**可复制性** ● 法律保护 ● 持久优势 ● 竞争者滞后
组织	**产品** ● 主张 ● **客户体验** ● **品牌吸引**	**成本** ● 可变成本 ● 固定成本 ● 资本支出	**适应性** ● 现金状况 ● 可扩展性或能力 ● 复杂度和僵化度

产品

产品包含三个彼此联系的元素：

- 产品或服务的**主张**是想要客户接受的理念。为了吸引人，企业必须有明确的、突出的理由让客户选择该产品而不是其他选项。
- **客户体验**也非常重要。如果一个网站给人的感觉很乱、员工很粗鲁或者退货过程很烦琐，希求性就会受损——无论产品本身多么优秀。
- 最后，人们对一个企业的预期和联想，即**品牌吸引**，也会影响该企业所有产品和服务的希求性。

	希求性	盈利性	长期性
客户	**需求** ● 价值和信念 ● 目标 ● 壁垒	**收入** ● 收入模式 ● 价格 ● 销量（数目和频率）	**客户群** ● 认知度 ● 获取 ● 保留
市场	**竞争对手** ● 品类 ● 地域 ● 替代者和取代者	**议价能力** ● 与客户 ● 与供应商 ● 规则和法规	**可复制性** ● 法律保护 ● 持久优势 ● 竞争者滞后
组织	**产品** ● 主张 ● 客户体验 ● 品牌吸引	**成本** ● 可变成本 ● 固定成本 ● 资本支出	**适应性** ● 现金状况 ● 可扩展性或能力 ● 复杂度和僵化度

盈利性

收入

盈利来自客户的收入，需要考虑到三个元素：

- 赚钱的方法，即你的**收入模式**。比如在付出服务时按固定价格还是按时间收费。
- 决定**价格**。既不要压低价格放弃利润，也不要提高价格失去客户。
- 最后，需要考虑**销量**，即人们购买的数量和频率。

	希求性	**盈利性**	长期性
客户	需求 ● 价值和信念 ● 目标 ● 壁垒	收入 ● 收入模式 ● 价格 ● 销量（数目和频率）	客户群 ● 认知度 ● 获取 ● 保留
市场	竞争对手 ● 品类 ● 地域 ● 替代者和取代者	**议价能力** ● **与客户** ● **与供应商** ● **规则和法规**	可复制性 ● 法律保护 ● 持久优势 ● 竞争者滞后
组织	产品 ● 主张 ● 客户体验 ● 品牌吸引	成本 ● 可变成本 ● 固定成本 ● 资本支出	适应性 ● 现金状况 ● 可扩展性或能力 ● 复杂度和僵化度

议价能力

强大的购买者压低收入,强大的供应商提高成本。你的议价能力将影响获利能力。

- 和强大购买者打交道留给你的利润空间可能会很小,因此**与客户的议价能力**以及如何应对非常重要。
- **与供应商的议价能力**同等重要。如果企业太依赖某一个特别的供应商,它会把矛头指向你——从你身上争取更大利益。
- 政府制定的**规则**和**法规**有着各种各样的理由,但一个重要的驱动是通过控制组织的权力来保护社会。

	希求性	**盈利性**	长期性
客户	**需求** ● 价值和信念 ● 目标 ● 壁垒	**收入** ● 收入模式 ● 价格 ● 销量（数目和频率）	**客户群** ● 认知度 ● 获取 ● 保留
市场	**竞争对手** ● 品类 ● 地域 ● 替代者和取代者	**议价能力** ● 与客户 ● 与供应商 ● 规则和法规	**可复制性** ● 法律保护 ● 持久优势 ● 竞争者滞后
组织	**产品** ● 主张 ● 客户体验 ● 品牌吸引	**成本** ● 可变成本 ● 固定成本 ● 资本支出	**适应性** ● 现金状况 ● 可扩展性或能力 ● 复杂度和僵化度

成本

一个组织在三个基本领域里会产生成本:

- **可变成本**取决于产量,比如生产和销售产品所需的原材料或包装。汽车制造商的可变成本会较高,软件公司的成本则较低。
- **固定成本**,比如租金或员工薪酬,这些是固定的,和产量无关。
- **资本支出**是指长期性的投资,比如收购一家工厂或器材。这区别于日常经营支出,因为这些支出分布于资产的整个生命周期当中。

	希求性	盈利性	长期性
客户	**需求** ● 价值和信念 ● 目标 ● 壁垒	**收入** ● 收入模式 ● 价格 ● 销量（数目和频率）	**客户群** ● 认知度 ● 获取 ● 保留
市场	**竞争对手** ● 品类 ● 地域 ● 替代者和取代者	**议价能力** ● 与客户 ● 与供应商 ● 规则和法规	**可复制性** ● 法律保护 ● 持久优势 ● 竞争者滞后
组织	**产品** ● 主张 ● 客户体验 ● 品牌吸引	**成本** ● 可变成本 ● 固定成本 ● 资本支出	**适应性** ● 现金状况 ● 可扩展性或能力 ● 复杂度和僵化度

长期性

客户群

客户群的大小，即所拥有的客户数量，依赖于三个元素：

- 只有当人们知道你的存在，他们才有可能成为你的客户，所以提高**认知度**是首要考虑。
- 认知度应该导致**获取**——新的客户加入。如果没人买你的产品，则根本无客户群可言。
- 如果老客户离开的速度等于新客户加入的速度，客户群就无法成长。**保留**——留住客户——对大多数企业来讲都至关重要。

	希求性	盈利性	长期性
客户	**需求** ● 价值和信念 ● 目标 ● 壁垒	**收入** ● 收入模式 ● 价格 ● 销量（数目和频率）	**客户群** ● 认知度 ● 获取 ● 保留
市场	**竞争对手** ● 品类 ● 地域 ● 替代者和取代者	**议价能力** ● 与客户 ● 与供应商 ● 规则和法规	**可复制性** ● 法律保护 ● 持久优势 ● 竞争者滞后
组织	**产品** ● 主张 ● 客户体验 ● 品牌吸引	**成本** ● 可变成本 ● 固定成本 ● 资本支出	**适应性** ● 现金状况 ● 可扩展性或能力 ● 复杂度和僵化度

可复制性

可复制性,即对手复制你的产品的难易程度,将大大影响你的长期性。可以采用以下三个方法让自己变得不那么容易复制。

- 寻求**法律保护**——利用专利、商标和版权来阻止他人的抄袭。
- 建立难以复制的**持久优势**。比如独特的成本结构和产品生态系统。
- 最后,可以创造**竞争者滞后**——自己不断进步,让对手追随,或迫使他们在行动之前做出牺牲。[1]

	希求性	盈利性	长期性
客户	**需求** ● 价值和信念 ● 目标 ● 壁垒	**收入** ● 收入模式 ● 价格 ● 销量（数目和频率）	**客户群** ● 认知度 ● 获取 ● 保留
市场	**竞争对手** ● 品类 ● 地域 ● 替代者和取代者	**议价能力** ● 与客户 ● 与供应商 ● 规则和法规	**可复制性** ● 法律保护 ● 持久优势 ● 竞争者滞后
组织	**产品** ● 主张 ● 客户体验 ● 品牌吸引	**成本** ● 可变成本 ● 固定成本 ● 资本支出	**适应性** ● 现金状况 ● 可扩展性或能力 ● 复杂度和僵化度

适应性

一个组织的适应性最终决定了其长远的生存机会。

- 如果资金周转不当，就无法继续经营企业。**现金状况**越好，可选择的余地就越大。
- **可扩展性或能力**也会成为主要限制。满负荷运营会让你丧失规划未来的空间，如果企业无法扩展就无法成长。
- 最后，企业内部的**复杂度和僵化度**会让转换方向变得痛苦而缓慢，甚至全无可能。

案例研究1——被成本拖垮的轮椅初创公司

为了把所有元素都连接起来，我们来看两个案例，一个案例来自初创公司，另一个案例来某大型企业。

数年前，我参与了一个项目，该项目计划设计一个闪光的产品——高端轮椅。当时市面上的大部分轮椅都丑陋而疏于设计，于是，创建一个无与伦比、无可匹敌的模型的机会出现了。

该公司做了大量市场研究，捕捉到了现有产品的缺点。这些产品大部分是由笨拙的零件堆砌而成，看上去跟远古的废墟一样，和我们放眼所见的自行车甚至办公椅的时髦设计相比，更是惨不忍睹。老牌玩家们似乎已经黔驴技穷，市场已经准备好迎接一位倡导设计哲学的新玩家。

然而，随着项目的进行，首要任务已经不是紧密关注用户的需求，而是不惜一切代价做出最优秀的产品。从技术开始一步步反向工作至产品，公司决定为轮椅设定许多不同的设置选项，每一个选项都通过碳纤维来测量。

为了力求完美，公司接洽了英国最先进的碳纤维制造商之一，请他们帮忙生产原型。与该制造商通常合作的有着大量赞助的摩托赛车团队相比，这家轮椅初创公司实在太不起眼了，所以轮椅公司发现自己主动进入了一个不利局面，在这个局面里他们毫无议价能力。之后公司不得不改变供应商，和一家主动接洽要求成为项目合伙人的公司合作。此时，成本已然扶摇直上。

因为糟糕的供应商选择、过于雄心勃勃的计划，如果他们还想保持盈利的话，必然意味着产品的高价。本应该在项目开始时定下一个目标价格，并控制产品的性能和成本以满足这个数字，现状却是随着产品的研发，价格也不断攀升。

当产品最终问世时，价格远远超出绝大多数潜在客户的接受范围。高端轮椅是一回事，价格和一部汽车相当的轮椅是另一回事。大多数人都买不起。用加总成本的方法计算产品的价格是很多企业会犯的经典错误。我之后还会再讲到这个问题。

因为制造成本太高，轮椅如果想通过零售商或经销网销售，就不得不把价格继续从高得惊人变成高得疯狂，不然根本没有利润空间。

作为一种变通方法，公司决定不租用展示空间，而是提供上门演示试用。而问题在于，某些潜在客户不愿意让人到自己家里演示，有一次他们不得不在客户公司的停车场演示。而该款轮椅是一个高端而昂贵的产品，这可不是高端客户预期的优质客户体验。

然而，价格并不是唯一的问题。由于监管条例限制，该产品只能在欧盟范围内进行销售，诸如美国、亚洲和澳大利亚的庞大市场都被排除在外，因为这些市场的监管要求不同，涉及独立的同时也是十分昂贵的批准流程。尽管脸书上有众多粉丝和媒体关注，但产品的实际需求从未实现。

公司的目标是每周售出一台轮椅。考虑到价格高和市场小这两个因素，这几乎是不可能完成的任务。产品问世两年，仅仅售出寥寥数台。

本例（映射至网格如下图所示）表现出一系列问题。结果就是一个产品无法满足客户需求。

	希求性	盈利性	长期性
客户	**需求** ● 价值和信念 ● 目标 ❺ 壁垒	**收入** ● 收入模式 ❹ 价格 ❾ 销量（数目和频率）	**客户群** ● 认知度 ❿ 获取 ● 保留
市场	**竞争对手** ● 品类 ❽ 地域 ● 替代者和取代者	**议价能力** ● 与客户 ❷ 与供应商 ❼ 规则和法规	**可复制性** ● 法律保护 ● 持久优势 ● 竞争者滞后
组织	**产品** ❶ 主张 ❻ 客户体验 ● 品牌吸引	**成本** ❸ 可变成本 ● 固定成本 ● 资本支出	**适应性** ⓫ 现金状况 ● 可扩展性或能力 ● 复杂度和僵化度

上图展示了轮椅初创公司的失误之处，以及涉及的关键元素。

问题的根源在于一个过于雄心的计划①和选择强大的供应商②，并因此造成过高的生产成本③。

高成本意味着高价格④，对大多数潜在客户来说是不可逾越的壁垒⑤，零售商或分销商没有利润空间，伤害到客户体验⑥。

监管是一个重大挑战⑦，限制了产品销售范围⑧。

高价格和小市场的组合导致了低销售额⑨，因为他们无法获得足够的客户⑩。

直接结果就是现金耗尽，并需要外部投资维持企业运营⑪。

案例研究 2：大众汽车如何应对排放危机

我们也许永远不会知道 2015 年的排放门丑闻背后的全部真相，但我们确信知道这一点：在美国，大众汽车公司承认曾经修改过某些柴油发动机软件，以作弊的方式通过排放测试，并造成严重的后果。整个事件是这样浮出水面的。

随着人类对气候改变的担忧不断增加，以及排放监管标准愈加严格，客户价值观也随着时间的推移发生改变，朝着降低发动机排放物对环境影响的方向发展。这种趋势为新的发动机品类和替代品出现带来了机会——混合动力型汽车以及电动汽车，比如普锐斯和特斯拉 Model S。下图高亮内容显示了网格中的四个元素。

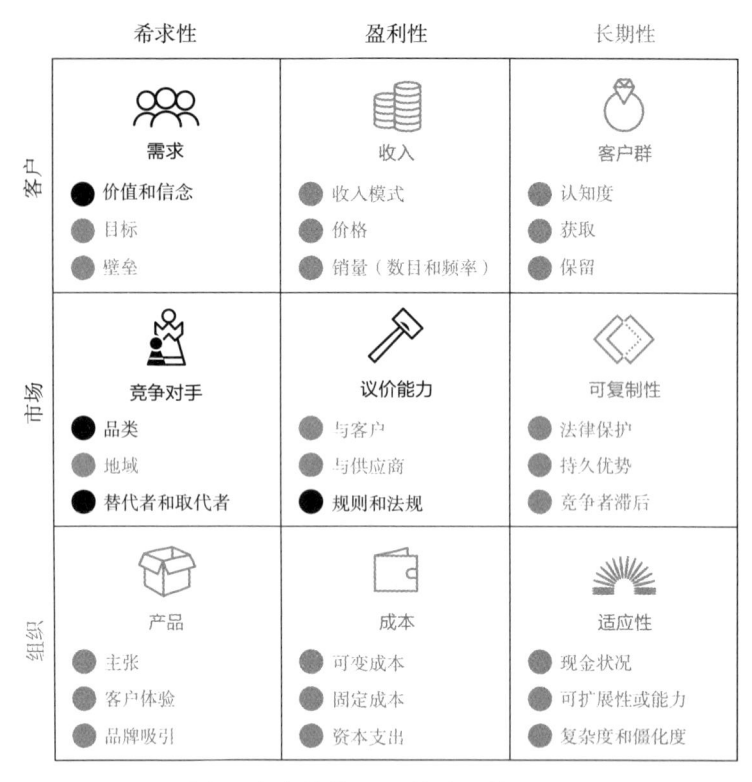

	希求性	盈利性	长期性
客户	**需求** ● 价值和信念 ● 目标 ● 壁垒	**收入** ● 收入模式 ● 价格 ● 销量（数目和频率）	**客户群** ● 认知度 ● 获取 ● 保留
市场	**竞争对手** ● 品类 ● 地域 ● 替代者和取代者	**议价能力** ● 与客户 ● 与供应商 ● 规则和法规	**可复制性** ● 法律保护 ● 持久优势 ● 竞争者滞后
组织	**产品** ● 主张 ● 客户体验 ● 品牌吸引	**成本** ● 可变成本 ● 固定成本 ● 资本支出	**适应性** ● 现金状况 ● 可扩展性或能力 ● 复杂度和僵化度

从上图可以看出，客户价值观和排放监管发生改变，导致新品类和替代品的出现。

大众汽车致力于在2018年成为世界最大的汽车制造商。[2] 为达成此目标，他们为自己制定了在美国市场销售额翻三番的目标。[3] 为了实现该目标，他们否决了采用混合动力的提议，而是采用"洁净柴油"的方法，他们认为这样才能让汽车既拥有低排放，也拥有高燃油经济性，同时还不影响汽车性能。[4] 这是一个非常强有力的计划，到目前为止都没什么问题。

为了将计划落地，大众汽车投入大量资金开发EA189柴油发动机。EA189柴油发动机不仅会应用在大众汽车上，还会应用到同批竞争对手中，包括奥迪、西亚特和斯科达。[5] 此举会实现规模经济，将发动机开发的固定成本广泛分摊，这也没什么问题。这些考虑都在下图中被高亮显示。

	希求性	盈利性	长期性
客户	需求 ● 价值和信念 ● 目标 ● 壁垒	收入 ● 收入模式 ● 价格 ● 销量（数目和频率）	客户群 ● 认知度 ● 获取 ● 保留
市场	竞争对手 ● 品类 ● 地域 ● 替代者和取代者	议价能力 ● 与客户 ● 与供应商 ● 规则和法规	可复制性 ● 法律保护 ● 持久优势 ● 竞争者滞后
组织	产品 ● 主张 ● 客户体验 ● 品牌吸引	成本 ● 可变成本 ● 固定成本 ● 资本支出	适应性 ● 现金状况 ● 可扩展性或能力 ● 复杂度和僵化度

2008年，大众汽车面临一个非常严峻的挑战。该发动机在一些国家无法达到污染监管标准，包括美国，但其关键价值指标并未失去竞争力，如燃油经济性和性能。[6] 公司面临四种选择：

1. 可以牺牲性能和燃油经济性为代价来满足监管条例。也许产品

037　第二章　掌握网格中的 9 个要素

会因此失去竞争力,也许会导致**销量的降低**。

2. 可以引入新的环保技术,比如奔驰汽车公司的 BlueTEC 方案,这种做法可能会增加**可变成本**。[7]

3. 可以完全改变战略,放弃洁净柴油**主张**。

4. 可以无视**监管制度**并作弊。这样可以保持原计划不变,也避免了额外的成本,既有战略几乎原封不动。

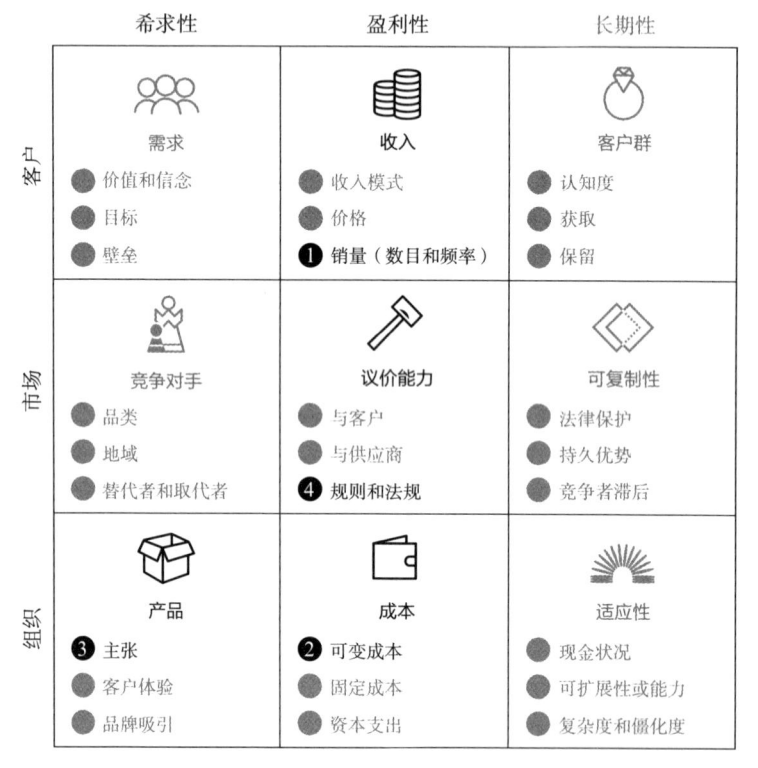

	希求性	盈利性	长期性
客户	**需求** ● 价值和信念 ● 目标 ● 壁垒	**收入** ● 收入模式 ● 价格 ❶ 销量(数目和频率)	**客户群** ● 认知度 ● 获取 ● 保留
市场	**竞争对手** ● 品类 ● 地域 ● 替代者和取代者	**议价能力** ● 与客户 ● 与供应商 ❹ 规则和法规	**可复制性** ● 法律保护 ● 持久优势 ● 竞争者滞后
组织	**产品** ❸ 主张 ● 客户体验 ● 品牌吸引	**成本** ❷ 可变成本 ● 固定成本 ● 资本支出	**适应性** ● 现金状况 ● 可扩展性或能力 ● 复杂度和僵化度

上图为大众汽车的战略选项在网格中的映射。他们应该牺牲①销售量,②可变成本,③主张,还是④规则和法规?

大众汽车公司选择了第四个选项，为发动机开发了一种非法软件，如果汽车正在被测试，就切换到低排放模式。而正常使用情况下，汽车排放会比标准高出 40 倍。[8]

有那么一段时间，该计划进行得天衣无缝，但是他们忘记了一条规则，尤其在社交媒体时代下——"要想人不知，除非己莫为"。当大众汽车被爆出有 1100 万辆汽车违反了排放规定时，其后果是灾难性的。[9]

丑闻急剧改变了客户对大众汽车的洁净柴油计划的信任，破坏了现有客户的用车体验，这些客户有的本想升级已有的大众汽车，或重新购买大众汽车。[10]

被牵连的车型都被召回，收入减少。[11] 其他产品的价格也略做调整，以赢回出现犹豫的客户的心。[12] 数以千计的汽车滞留在港口，无法出售，库存成本大幅增加。[13] 可变成本也急剧飙升，因为每一辆涉及的车都必须整修或召回。此外，还有来自世界各地的客户和官方的诉讼费用和罚款的成本。

在本书写作之时，大众汽车已经拨出 180 亿美元来应对这次危机，本可以分配到别的地方的资源都被调动进来。[14] 丑闻影响了美国整个柴油汽车行业，竞争对手们更是搭了个顺风车，短期内它们又少了一个对手。[15]

就像我一开始就提到的，企业是一个相互联系的整体，一个部分的变化会影响到别的部分。在大众汽车的案例里，几行代码的改动被贴上 180 亿美元的价格标签。它也强调了在决策过程中目光短浅、思维简单的危害。有一个简单的替代方案：网格会帮助我们思考决策对整个企业的影响。下一章将展示如何在实践中做到这一点。

	希求性	盈利性	长期性
客户	需求 ❷ 价值和信念 ● 目标 ● 壁垒	收入 ● 收入模式 ❾ 价格 ❽ 销量（数目和频率）	客户群 ● 认知度 ❿ 获取 ⓫ 保留
市场	竞争对手 ❸ 品类 ● 地域 ❹ 替代者和取代者	议价能力 ● 与客户 ● 与供应商 ❶ 规则和法规	可复制性 ● 法律保护 ● 持久优势 ● 竞争者滞后
组织	产品 ❺ 主张 ❻ 客户体验 ❼ 品牌吸引	成本 ⓬ 可变成本 ⓭ 固定成本 ● 资本支出	适应性 ⓮ 现金状况 ● 可扩展性或能力 ● 复杂度和僵化度

由上图可以看出，大众汽车在排放法规面前作弊，①为网格中的其他元素带来了灾难性的后果。

丑闻永久改变了客户对曾经购买的产品的信任②，它抹黑了美国整个柴油汽车行业③，让其他公司搭了个顺风车，同时所有受影响的车都从市场撤出④。

丑闻爆发后，大众汽车公司的洁净柴油计划失去吸引力⑤；影响了现有客户的使用体验，公司不得不进行升级或回购流程⑥；品牌名誉受到损害⑦。

由于销售额不断下降⑧,董事会决定降低价格以刺激需求⑨。由于产品销售停滞以及对现有客户实施召回计划,客户的获取和保留两方面都受到影响⑩⑪。

每一辆售出的车都必须进行升级,新的柴油汽车都必须配备昂贵的污染控制技术,大众汽车公司的可变成本增加⑫。大众汽车公司还必须支付一笔固定成本,包括来自监管机构和其他利益受损方的罚款和诉讼费用⑬。公司拨出180亿美元解决此次危机,这笔钱在其现金储备中所占比例是非常可观的,但尚属可控范畴⑭。

第三章

网格决策的应用场景

本书有两大中心主题：第一，成功来自网格中全部的九个方框；第二，网格的一个区域的变化将影响其他区域。那么在实践中应如何运用该洞察呢？它如何帮助我们做出更好的决策？

本章演示了如何在以下三种情况下运用网格：开创新企业，评估现有企业，以及仔细思索一个决策。在深入了解之前，我想再次重申网格的真正含义和目的。

任何模型都存在一个风险，即它会把我们变成模板僵尸——只专注于核对每一个方框，而不注重结果。[1] 为了避免犯这个错误，请记住，网格只是精神意义上的脚手架：它是帮助你架构思考的工具。如有需要，可以将之打印、涂改并和同事讨论，做出下一步的决定，然后扔掉。

如果你即将做出的决定会对客户群产生不同的影响，请尝试分别对网格中的每部分进行剖析。如果有不同的品牌、主张或地域，也可以单独在网格中运行，但并不是必须这么做。如何使用取决于想要做出的决策，目的在于对思考进行支持，而不是走一个死板的形式。

最好的方法就是尽管大胆尝试，看看会发生什么结果。如果看到了更为清晰的蓝图并且脑中灵感涌动，或是感受到更多的信息，在计划中发现问题或找到新机会，不必多虑——网格会有效地帮助你。

如何记录和追踪自己的想法亦是如此。将元素标记为红色、黄色或绿色。用对号、叉号、SWOT（优势、劣势、机遇、威胁），甚至手写记录。把不相关的事情用线划掉。再次强调，重要的是找到对自己有用的方法。在网站 www.matt-watkinson.com 上可以找到示例工作表。

情景一：开创新企业

那些带有传奇色彩的故事增强了企业家们的神秘感。企业创始人似乎都具有钢铁般的意志，无所畏惧地直面风险；他们都是不可动摇的梦想家，其远见卓识最终会打破所有的怀疑；他们似乎都是直觉大师，知道自己会笑到最后。

神秘掩盖不住真理的点滴闪光。白手起家伴随着风险、不确定性和运气成分，对客户需求的远见和同理心是无价的财富，有些人的直觉带来的成功确实看上去是运气所致。

但是我们听到这些疯狂故事是因为它们都如此不寻常。它们都是例外，而不是规则。那些未登上头条的是成千上万并不顺利、冒着过大风险、带着不为人理解的想法一意孤行、最终走向毁灭的故事。

我所认识的成功企业家都不是这等英雄主义式的人物。他们勤恳而开放；他们懂得倾听客户，知道学无止境的道理；他们自信而谦逊；他们在枯燥的细节上不懈追求；当想法出错时，他们勇于改变。对于那些具备这种心态的人来说，网格将会成为他们宝贵的盟友。接下来我们看看网格是如何让成功的天平倾向你这一边的。

成功的企业是网格中所有元素的独特组合。花时间研究让你觉得舒服的元素既简单又有趣，但是如果这意味着忽视那些未来会造成大麻烦的重要元素，一切都变得毫无意义。一个合乎逻辑的方法是在一开始就按顺序考虑每一个元素，从客户需求开始，然后一列一列循序分析，直至涵盖所有基本元素。对于每一个元素，请提出三个问题。

1. 你在做出什么样的假设？

基于错误假设的决策会让人误入歧途，因此必须对网格中每一个元素进行明确的假设。只要把这些假设列出来以待检验，就已经成功了一半。如果连假设都不清楚，更无法知道其正确与否。

2. 如何检验假设？

假设列举完毕后，比如"该产品的品类需求正在增长"或者"现有的同类品很难替代"，必须对它们进行检验。

让我们从"纯真冰沙"（Innocent Smoothies）公司的例子来获取灵感。创始人在某一个音乐节上摆了一个冰沙摊，他们在摊位边上摆了两个垃圾箱，分别贴上"YES"和"NO"的标签，供人们丢弃空杯子，空杯子上有一个问题："我们应该辞职来专心做冰沙吗？"在这个周末，贴着"YES"的垃圾箱装得满满的，他们就这样开始了创业之路。[2]

迈克尔·布隆博格是另一个优秀的例子。他非常希望听到反馈，他会在早上6点到美林证券对面的小卖部买上几杯热饮，回到办公室，只要有人愿意停下来花一分钟的时间分享自己的想法，就可以喝上一杯。[3]

如果你对客户需求有所疑问，走出去和他们聊聊。为产品建立原型，看能否成功。以客户身份探访一下对手。从可能的供应商那里获取报价，了解成本。尽管这些事情都需要付出时间和精力，但它们并不困难，并且对此付出的时间一定会获得回报。最难的部分是知道该问什么问题——第二部分"深潜"将为你提供帮助。

3. 把每部分合成为一个整体是否行得通？

当你继续在网格中埋头工作时，请时不时离远一点看，检视这些部分是否适合构成一个整体。这就是项目的"打鼹鼠"（whack-a-mole）阶段，即必须确定整体配置是否能够建立一个可行的企业。也许需要修改主张以减少成本，或将目标瞄准更大的领域，以量取胜，如此种种。

最终，这意味着回到三个至关重要的目标：

- 我们的调研是否表明产品是客户想要的？

- 根据预计，产品能否盈利？
- 如果正式启动，企业能否在未来生存下来？

如果你已经对网格的每一个方格研究通透，并且对以上问题的答案了然于胸，很好！如果依然存疑，请重新思考，直到心中有数。想法不必完美，甚至都不必接近完美——不存在哪种最初的想法是能够符合所有方格的，有些因素可能要到未来才表现出相关性。只是千万别把时间浪费在本质就有问题的事物上。

情境二：评估现有企业

当一个企业已经建立运行之后，寻找进步方法再自然不过。很多企业想增加收入和利润，扩大客户群，但这并不是每家企业的目标，有些公司，比如保·伯林翰（Bo Burlingham）的《小巨人》(*Small Giants*)一书中所列举的，它们选择做得更好，而不是更大。[4] 还有些人，只想做自己热爱的事，收支平衡就好。

无论目标是什么，合乎逻辑的起点是理解自己当前的位置：目前的优势和弱势；自己处于不确定或不断发生变化的领域，或者相对不太活跃或稳定的领域。网格提供了一个分析企业的结构化方法，来帮助你确定需要在哪些方面下功夫，以及如何从整体上影响一个企业。

比如，你的指标在客户群方面显示了进步空间——认知度和获取都是健康的，但客户保留不理想；或者即将实施的规则和法规会带来成本改变，也许需要提高价格。

网格的层次结构可以让你一个方格一个方格有条不紊地工作，找出需要改进的元素。对于新业务场景来说，最简单的方法就是根据网格依次评估每个元素。

一旦你选出有机会的方格，你就可以集中精力解决明确的问题，而不是把一堆想法挂到墙上，看哪个管用。在实践中，人们往往很自然地跟着自己的嗅觉，瞄准自己的弱点，并对其进行优先级排序，看先解决哪个方面。

举个例子，最近我受邀帮助一家遭遇财务困难的服务型公司渡过难关，该公司 CEO 和我坐下来一起按照网格对企业进行分析，很快我们就排除了成本、议价能力和可复制性等问题，接下来也排除了竞争对手问题。之后我们又重新就这个问题进行了讨论。当务之急其实很简单：销售额过低造成收入不足，在企业现金流完全断开之前必须要采取行动了。

当我们看到客户数据时，发现了一些奇怪的模式。其一，客户满意度很高，复购率却极低。其二，尽管公司有很多充满潜力的客户，但真正产生效益的却少之又少。

因此，首先要解决保留问题。我们发现复购率低的原因在于，公司很少向现有客户再次推销服务。企业做的是一锤子买卖，而不是持续性服务，原因无他，只是企业惯性而已。把该企业的主张从一锤子买卖改为首次销售＋每半年一次的"检查"服务，这种小改变将会带来大回报。

其次，把注意力放到客户转化率低的问题上。我们检查了客户体验，发现大部分销售线索都在提案阶段石沉大海。潜在客户在最初的接触对话时都很激动，但在收到提案后就杳无音信了。

我们在这里找到了问题的所在。这些提案都过于冗长、充满专业术语并且只字未提产品将会带来的价值。难怪人们毫无回应：他们大概根本没读完前几页。

这是一个可以马上改进的领域。因此公司马上决定改变提案格式，将其缩减为不含专业术语的数页报告，着重强调服务的优势。完成这一步后，他们可以再次研究网格，找到下一个需要优先处理的领域。

本案例中有几处重复出现的主题值得一说：

第一，改进企业总是有多重角度，你应该优先考虑那些能够产生最大回报的选项。而只有当你对企业有了一个整体视角时，才能确定优先级。

第二，企业通常有着根深蒂固的工作方式，从未被检验过，只是因为惯性如此。就像一条鱼完全意识不到自己正在水里游泳，我们通常也看不到在别人眼里显而易见的事情。网格可以帮助我们发现这些问题，因为它迫使你对企业的各个角度进行思考。

第三，问题也许源于意想不到的地方，主观臆断、粗枝大叶的分析往往都是错误的。在上述例子里，提升客户体验远不止提高认知度这么简单。给企业带来更大的业务流量并不会有多大帮助，而很多企业在遇到问题时都会如此反应。

最后，我发现只要有结构化的模式可遵循，大多数人都可以自已解决问题。通过为团队的结构化讨论提供一种通用的语言和参考点，网格可以帮助人们更有效地协作，更有条不紊地解决问题。在行动中看到这点真的很令人兴奋。

情境三：对决策进行全盘考虑

企业往往不缺新想法、新项目，也不缺要做出的决策。这些东西在上述业务场景中都有体现。接下来，网格将指导你获得最佳结果。

在《好战略，坏战略》一书中，作者理查德·鲁梅尔特将战略定义为"对重要挑战的凝聚性回应"，其中包含三个元素：（1）**定义挑战**的分析；（2）一份**指导方针**，或者说克服这份挑战的大致方法；（3）必须拥有执行该方针的**持续性行动**。[5]

定义挑战需要在网格中找到想要改进的元素，比如提高销售额，提高客户留存率，降低固定成本。对此我在情境二中有所阐述。

指导方针是指如何改进的想法：增加广告投入，提高客户体验或外包生产。然后，一旦有了一个想法，可以利用网格评估每种选项的总体影响：哪些元素会改善，哪些会变得更糟，最终结果是否有利。可以考虑三种不同的情况：最好情况、最坏情况和最可能情况。

最后是**持续性行动**，用于实现该方针或者收集更多信息，决定未来道路。

在实践中，整个过程简单明了：

1.确定要改进的方格或元素。

2. 提出一系列可能的解决方案。

3. 在网格中运行每个可能的方案，以评估对企业的总体影响。

4. 选择最佳前进路线，并决定下一个实施步骤。

作为本章的结束，来看一个真实的例子。

秋高气爽的一天，我约了蒂姆和安东尼相聚，这两兄弟拥有一个非常成功的企业，在装修伦敦高档房产方面独树一帜。多年来，他们以精湛的工艺和细致的服务赢得了赞誉。这主要归功于他们对每一个项目的深度参与。

随着企业的蓬勃发展，他俩的工作量也呈指数级增加。一天只有24小时，他们已经没有足够的时间和精力深度地参与每个项目、管理企业和规划未来。用鲁梅尔特的话来说，这种无法控制的工作量就是他们的重要挑战。他俩都认可接下来正确的做法是雇用一名项目经理来监督日常工作，但他们想确定这个想法（或者说指导方针）是否足够成熟。

对于他们来说这是个充满感情的话题。他们一方面想投入更多的时间追求新的机会，也对未来的潜力激动不已，但对把手中的缰绳交给他人感到紧张，这也是可以理解的。他们可不想花了多年时间建立起来的声誉，一夜之间付诸东流。现在水烧开了，茶叶沏好了，我们坐下来一起看着网格，看看会出现什么结果。

我们从重新审视挑战开始，在"适应性"方格里，特别是"可扩展性或能力"——他们目前的局限性已经无法增加业务，也没有什么备用方案。雇用项目经理可以减轻部分工作量，让他们集中精力在发展战略和追求新机会上。但这一方案会对别的方格产生怎样的影响？

来到中间一列，我们开始考虑雇用新人会如何影响盈利性。最明显的影响就是固定成本的增加，但是安东尼（公司账户负责人）对此并不担心。根据过去几年的收入和利润情况，销售额增加一点点就可以继续保持当前的盈利，银行的现金流也很充足。而额外的能力将会让兄弟俩更多地关注企业的发展。他们相信收入和利润会不断增加。

当我们浏览"收入"方格时，我问道，如果有一个专属项目经理，是否意味着可以提高报价，因为专属项目经理承诺了一个更为定制化的服务——大概率也是个更好的服务。兄弟俩没有考虑过这个问题，他们的焦点都集中在成本上。他们记录下这个问题，以便在会面后征求客户的意见。这是他们的第一个持续性行动，遵循着鲁梅尔特的说法。

回到"成本"方格，他们大声讨论自己的想法。一个经验丰富的经理除了可以帮他们节省时间，是否能带来更多好处？拥有丰富经验的经理能否改进公司的流程？合适的人才也许可以通过减少返工或实施更高效的流程来降低项目成本。

他们将这些技能记录下来，也许会用到职务描述里，并一致认为可以给出比之前预计的更高的薪酬，来雇用一位顶尖的经理人。这部分支出可以通过在未来所有项目里降低可变成本来抵销。这是他们的第二个持续性行动。

看完了收入和成本，讨论进入"议价能力"方格。他们的企业严重依赖转包商网络，其专业范围包括从安装音响视频设备到制造定制楼梯一整套流程。多年来兄弟俩和两个供应商的关系尤为密切，这时他们开始思考这位新经理人会对承包商产生何种影响。

我问道，如果小镇上来了个新警长，这些承包商会有什么反应？如果他们水火不容，是否会影响到企业的工作质量、客户体验或品牌效应？

他们也没想过这个问题，但他们迅速提出了解决方案：让关键供应商了解公司的计划，并让它们参与招聘过程。这个简单的决定将会减少过渡时期的一切摩擦，也是释放善意的有力姿态。这是他们的第三个持续性行动。

最后我们来到了"产品"方格。兄弟俩最担心的是新来的经理能否成为优秀的形象大使，他们的经验能否传递品牌信誉。如果这些元素受到负面影响，将会降低企业的口碑，新的推荐也会随之减少。

在我们讨论降低风险的选择时，蒂姆建议制订一个计划，在招聘流程开始之前设立一个过渡期，以确保整体的客户体验质量不受影响。这是他们的第四个持续性行动。

在午餐休息时，大家都充满信心。通过每一个方格的讨论，每个人都迸发出激情，以一种结构化的方法表达想法和担忧，并在一条明确的前进路线上达成了共识。

溪流汇成大海，新角色的责任逐渐清晰。两位创始人打算请合伙人参与招聘过程，这会将风险降至最低。几个小时的讨论成果还不错。我们把谈论的摘要映射到网格中（如下图所示），可以看到，即便是一个简单的决定，其触角也会延伸到多个领域。

	希求性	盈利性	长期性
客户	**需求** ● 价值和信念 ● 目标 ● 壁垒	**收入** ● 收入模式 ❺ 价格 ❹ 销量（数目和频率）	**客户群** ● 认知度 ● 获取 ● 保留
市场	**竞争对手** ● 品类 ● 地域 ● 替代者和取代者	**议价能力** ● 与客户 ❼ 与供应商 ● 规则和法规	**可复制性** ● 法律保护 ● 持久优势 ● 竞争者滞后
组织	**产品** ● 主张 ❽ 客户体验 ● 品牌吸引	**成本** ❻ 可变成本 ❷ 固定成本 ● 资本支出	**适应性** ❸ 现金状况 ❶ 可扩展性或能力 ● 复杂度和优化度

通过利用网格来评估雇用项目经理人的影响，可以得出如下结论：

1. 项目经理人的要求是由适应性来驱动的——企业无法继续扩大规模，兄弟俩没有应急措施，也没有时间规划未来。
2. 新雇用的人会增加固定成本。
3. 企业现金流充足——兄弟俩可以负担招聘新人。
4. 新的项目经理可以解放兄弟俩的时间，用于扩大销售、获取新客户以及增加销售额，以抵销多出来的成本。结果将会是盈利的增加，而不是减少。

5. 兄弟俩还不清楚拥有项目经理是否可以提高报价，他们已经记录下来并征求客户意见。

6. 合适的人可以帮助降低可变成本，找到一个拥有很强的流程管理以及成本控制能力的人才，是一个非常聪明的做法。

7. 新的领导者可能会和企业强势的供应商产生冲突。他们决定在招聘过程中让主要供应商参与进来，帮助顺利过渡。

8. 他们最关心的是经理人能否传递品牌声誉，创造符合客户期望的体验。他们达成共识，在开始招聘流程之前制订一个逐步交接的计划，以确保产品不受影响。

第二部分
深 潜

在深入了解网格各元素后,无论是企业还是个体,都将获得用系统思维解决问题的最优路径。

截至目前，我们一直浮在浅水中，向下张望网格。现在该全副武装好潜水装备，深入每一个方格内，了解更多的细节。接下来的一章将分别探讨每一个方格，并进行逐列分析。

在开始阅读本章之前，我想请你打印出网格并在实践中使用。如果遇到某一个不确定的元素，一个知识点空白或弱项，请直接查看相应的深潜部分。比如，你可能认为**主张**是一个问题，客户**壁垒**并未得到深入理解，或**价格**值得担忧。

首先，阅读最有价值的主题是对时间最有效的运用。基于这一点，我将深潜部分构架成九篇单独的论述。它们彼此参考、交叉引用——考虑到企业的整体性这将不可避免，但我已经将这种交叉引用精简到最小，读者可以自主选择。

然而，如果你正在从头开始创造一个新企业、产品或服务，我会建议你按顺序学习这些深潜元素。企业失败最常见的原因就是没有市场需求。[1] 理解希求性这一列将会帮助你找到那些吓退许多新投资人的产品，找准市场定位，然后可以思考如何从产品中获取最大盈利，以及如何带领企业走向未来。

	希求性	盈利性	长期性
客户	**需求** ● 价值和信念 ● 目标 ● 壁垒	**收入** ● 收入模式 ● 价格 ● 销量（数目和频率）	**客户群** ● 认知度 ● 获取 ● 保留
市场	**竞争对手** ● 品类 ● 地域 ● 替代者和取代者	**议价能力** ● 与客户 ● 与供应商 ● 规则和法规	**可复制性** ● 法律保护 ● 持久优势 ● 竞争者滞后
组织	**产品** ● 主张 ● 客户体验 ● 品牌吸引	**成本** ● 可变成本 ● 固定成本 ● 资本支出	**适应性** ● 现金状况 ● 可扩展性或能力 ● 复杂度和僵化度

第四章

需求：让产品有吸引力且实用

全世界最高级的奶酪来自瑞士蒙特勒镇附近的一个农场。每年牧草开始生长的几个星期，奶牛会被聚集到高山牧场吃草，它们产出的奶会有一种独一无二的味道。这些奶会在篝火上加热，静置待过整个夏天。最后产出的奶酪奢华到不对外出售。

农场的主人名叫让·克劳德·比弗，他从不卖他的奶酪，他会送给朋友、亲戚和自己喜欢的餐厅。[1] 比弗先生之所以可以这么做，是因为他的主业是做手表，做奶酪只是他的兴趣爱好。

1981年，比弗先生和合伙人用2.2万瑞士法郎（约合1.5万美元）买下宝珀的冠名权。尽管宝珀已经十年不生产手表，但比弗先生看到了它的潜力——宝珀是世界上最古老的制表品牌。10年后，斯沃琪集团以4300万美元收购了宝珀。[2]

比弗先生加入董事会后，斯沃琪集团指派他掌管另一个奢侈表品牌——欧米茄。比弗掌管期间，欧米茄销售额增长了近三倍。[3] 在退休了一阵后，比弗再次出山，掌管了宇珀（Hublot）集团，三年内宇珀手表的销售额增加了五倍。他是怎么做到的？在手表杂志《革命》的一篇采访报道里，他讲述了自己的简单哲学：

> 首先，从国王开始。宇珀的国王是谁？答案脱口而出——客户。
>
> 如果想服务客户，必须要先知道客户的背景，他们是哪里人，受教育程度如何，喜欢什么，讨厌什么，宗教信仰是什么，对什么最有激情，爱好是什么，个性如何，富裕程度，是否慷慨，等等。所有这些我们都必须有所了解，了解得越多，我们可以为他们提供的服务越周到。
>
> 宇珀有各种各样的国王，爱马球的，爱板球的，爱冲浪的，爱足球的，爱F1赛车的，爱音乐的，爱科切拉音乐节的，爱文身的……我们都要投其所好吗？当然！只要国王喜欢，我们就尽量满足……我们必须根据国王的品位进行调整。就这么简单！没什么难的。[4]

了解客户需求是任何企业成功的关键。如果不了解客户需求，如何生产客户想要的产品？但很少有人能像比弗那样付出时间来深入了解客户。实际上，很多企业完全无视客户需求。初创公司失败的首要原因就是"先打造方案,再寻找问题"。[5]

想要真正了解客户,需要知道三件事:

- 客户是谁?他们的**价值和信念**是什么?
- 客户想要达成的**目标**是什么?
- 是什么阻碍了客户达成目标?客户面临什么样的**壁垒**?

很多人毫无头绪,只重视这三者中的一个——产品对客户有吸引力却不实用;或是产品满足功能需求,但无法适应变化。了解客户需求需要从以上三方面综合考虑。

价值和信念

20世纪50年代,科学家科特·瑞希特在老鼠身上进行了一项科学实验,该实验放在今天应该会引发争议。他把老鼠放在一个不断产生漩涡且无法逃脱的桶里,迫使老鼠游泳,并记录它们淹死的时间——通常在15分钟左右。然后重复该实验,只是这一次,就当老鼠即将放弃之际,瑞希特把老鼠捞了上来,等它们恢复意识之后,又将它们扔进桶里。然而这一次,老鼠并未在15分钟后放弃挣扎。它们在淹死前奋力挣扎了两天半的时间。[6]

如果老鼠相信自己注定要淹死,就会很快放弃。但是当老鼠坚信自己会被救起,就会聚集难以置信的耐力。它们的信念对行动产生了深远的影响——这点可不局限于啮齿类动物。我们选择的产品、热爱的品牌、交往的朋友、吃的食品，所有这些都反映着我们的信念和价值观。

我们的信念很重要，因为它决定我们认为快乐的事物。如保罗·布鲁姆（Paul Bloom）在其《快乐的原理》（*How Pleasure Works*）一书中所描述的："我们从某个东西那里获得的愉悦感来自脑海中对该东西的定义。"对于一幅画来说，画家很重要；对于一个故事来说，是真实还是虚构很重要；对于一份排骨来说，我们在意来自什么动物。[7] 如果我们珍藏的梵高的画是复制品，我们会马上撕了扔进垃圾桶，而不顾画有多么漂亮——我们的快乐来源于我们认定的画出这幅画的人。我们的信念和我们的期望不可分割。

我们固执地坚守信念，即便有充足的反面证据。我们希望避免认知失调——由我们的信念和行为的内在不一致或我们持有的两种信念彼此矛盾，或与我们的世界观相抵触的信息所引起的压力。[8]

我们还希望能够找到支持现有信念的信息，其余的一概淡化处理，这就是所谓的确认偏差（confirmation bias）现象。[9] 我们都听说过"眼见为实"，而事实往往相反，我们相信了才看得见。随着越来越多的信息来自诸如脸书这样的社交媒体，这些应用的算法就只会向我们推送认为我们会点赞和转发的内容，我们只能看到自己已经相信的东西，这已越来越成为现实。

正如匈牙利物理学家尤金·维格纳所说："人类并不是在理性的基础上建立自己的信念。人类从某个信念开始，然后寻找证据以证明该信念。"[10] 因此，为了真正了解客户需求，我们必须从客户的价值观和信念开始，只有这样我们才能设计出适合客户的产品，或推翻固有的观念。为了结构化该任务，我们应该从几个角度进行思考。

客户的身份

对于自己是什么样的人，每个人都有自己的信念，这是定义自我的内部召唤。我有朋友是曲棍球迷，还有朋友是素食主义者，还有朋友认为自己最重要的角色是母亲。当人们被问及自己的职业时，有人会回答自己的专业——"我是一名驯兽师。"有人会回答工作单位——"我在警察局工作。"这些回答不仅反映了人们如何看待自我，也反映了人们的部分个性，更是人们存在的本质。

当选择某种产品或服务时，它们如何代表我们，即如何准确反映我们的形象，似乎更能决定我们的选择思考。[11] 我们通常会选择功能不佳，却能更好地展现自我身份的产品，而不是功能优秀却无法展现身份的产品；抑或是选择更为昂贵同时能准确表达自我的产品，而不是便宜却和自我意识相矛盾的产品。了解客户的第一步就是思考"他们如何自我定位"，以及我们如何通过产品或服务来反映这个定位。

可口可乐公司的"分享这瓶可乐"营销活动正是这样做的。公司把瓶身上的公司标志更换为各种各样的名字，比如"戴维""萨拉"或者"约翰"①。该活动的创意来自一封简单的只有151个字的信。这次营销活动的结果令人震惊：1.5亿瓶的销售额；推特上9亿9800万

---

① 在中国印的是抽象的流行语，如"女神""纯爷们""闺蜜"等等。——译者注

条转发量；仅在英国网店就定制销售了 73 万瓶。[12]

了解客户需求的第一个步骤是了解客户到底是谁。然而，当很多企业被问及客户时，答案都是笼统的名称："小型企业""《财富》世界 500 强企业"或"电信公司"。这些都是组织，而不是人。你的真正客户是公司 CMO（首席营销官）？是创始人？还是门卫？

在创造产品或服务时请记得对象是真实的人——那些你可能认识或至少知道的人，这样可以更好地找到他们的需求。请记得是真实的人——登山者、兽医、哥特式打扮的人——这样才更有可能创造出符合他们需求的产品。我们不仅应该想到主体客户，还要想到周边的利益相关者，比如终端用户、买方和各种门卫式人物等，他们的需求也很重要，要分别考虑他们的需求。[13]

客户的价值观

当我们知道客户是谁之后，可以将注意力转移到客户的价值观上——他们在乎的是什么？他们秉持什么样的原则和标准？他们是否具有生态环保意识？是不是只要求最好？他们是否坚持优质服务？一个朋友曾经用一句话总结购买心态——"买一次哭一次。"他欣赏可以终生使用的高质量产品，并愿意为此支付高价。

自 1997 年面市以来，丰田普锐斯的销售额一直很突出，尤其在日本和美国市场。20 年来，其全球总销量已经超过 500 万辆，并仍然在投入生产。[14] 它的成功来自公司一直坚持的用四轮来表达的绿色价值观。[15]

德国家具品牌 Vitsoe 有一批忠实的客户，因为他们的产品设计精益求精，注重细节，深得客户欣赏。公司的宗旨是"生活得更美好、更简单、更长久"，这和客户的价值观产生了强烈的共鸣。[16] 如果我们不知道客户的价值观是什么，又如何能做出和他们产生共鸣的产品？

1957 年，爱达荷州立大学的一个农业研究小组得出一个结论：价值观影响客户对新技术的采用。从他们的研究衍生的模型——技术采用生命周期（Technology Adoption Life Cycle）——至今仍在使用，几乎完全未做修改。[17]

该模型提出 5 个不同的小组。第一组是创新者（innovators），创新者热爱科技，对新发展感到兴奋。第二组是早期采用者（early adopters），这些人有一定远见，了解新技术如何为他们带来竞争优势。第三组是早期大众（early majority），这些人等到产品已经在实践中被证明才进入市场。第四组是晚期大众（late majority），这部分人等到价格走低时从市场领导者那里购买。第五组是像我爸爸这样的人——落伍者（laggards），他们只是在极不情愿的情形下升级。早期大众和晚期大众一共占据了市场的 2/3。[18]

每一组的行为方式都不一样：早期采用者寻求巨大的商机，并且乐于冒险。晚期大众则具有成本意识，不愿冒险。创新者对科技进步充满热情，落伍者则毫不在乎。

向客户推销未经验证的早期产品毫无意义，不论潜力有多大，大部分客户都不愿意冒险尝试，这就是以大公司为商业目标的初创公司总会失败的原因。[19]

几年前我也掉入了这个陷阱，当时我的工作是将一个新软件推销给一家银行。这家银行喜欢我们的方案，双方一直进展到订单报价阶段，此时银行的采购和法律小组参与进来，将所有进展突然叫停。其中一个律师的说法一直萦绕在我的脑海："想要创新和进步，风险不可避免，这点我们完全了解，但是银行的政策是，将合同结构化，这样我们自身不用承担任何风险。"

我们的失败是因为价值观和社会上受鼓励的行为不匹配。对于我们大谈特谈的创新，三分之二的市场并不热衷，而且还有很多程序等着来阻止新技术的产生。

当开发企业对企业服务时，请牢记一点，客户个人的价值观并不重要，而组织作为一个整体的价值观更为关键。

客户的社群

不论是一个著名球队的运动衫品牌，还是专属的网络群体，那些能够强烈表达我们的社群（或想要加入的社群）的产品或服务，都有着魔法般的吸引力。[20]

一个例子就是私人俱乐部 Soho House，该俱乐部限制会员的职业必须为创新领域。俱乐部网站上说："和别家俱乐部不一样，财富和地位不是我们的关注点，我们的目标是聚集有着一个共同点的会员：一个充满创意的灵魂。"[21]（根据我的经验，财富和地位也是共同点。）找到客户的社群不仅会帮助企业生产出理想的产品，还会让针对该产品的市场营销更为简单,因为对准目标的方法找到了。

然而,了解客户的身份、价值观和社群只成功了一半。还需要了解客户对你的产品和品牌的信任点在哪里,以及客户以往的经验是如何塑造他们的学习行为的。

了解关于品类的信念

我们对产品品类会形成相应的信念:相机的像素越高越好;有机食品更健康;以及,所有银行都一样糟。我们没有时间和精力成为从阁楼绝缘材料到威士忌酒等所有领域的专家——我们的信念会帮助我们走捷径。[22]

违反产品品类的期望,或者更糟糕的,根本没有一个明确的品类,产品从一开始就注定失败。我将在下一章详细说明。现在,仔细思考客户对品类的信念是值得的。你也许想改变这些信念,但你至少得先知道它们是什么。

了解关于品牌的信念

2011年,阿斯顿·马丁公司推出了一款都市小型车——小天鹅(Cygnet),该款车由丰田公司的iQ车重新贴牌而成,带有些许风格的改变。这款车完全颠覆了我们对阿斯顿·马丁公司的品牌信念。公司希望每年卖出4000辆,最终只卖出了不到150辆,不得不停止生产。[23] 产品失败是因为它违反了客户对品牌的信念,犯了一个最基本的错误。

一旦客户形成了对一个品牌的信念，就很难改变。我们可以通过一开始就和客户充分沟通，让客户形成牢固的信念，以避免未来出现麻烦；然后我们在做决策时，要积极考虑客户对品牌的信念。在"产品：提高功能价值与符号价值"一章中，我会深入探讨品牌吸引力的细节。

了解过去经验的影响

一个朋友的公寓对面有个自动停车缴费机，人们总是花很长时间才能拿到缴费单。有一天我专门去看了看问题所在。很简单：机器上的"取消"按钮是灰色的，"付钱"按钮是红色的。人们投币后自动按下灰色按钮，硬币就会被退出来。他们感到很困惑，就把硬币再投进去，再按下灰色按钮——这种现象被称为"强大的习惯侵入"（strong habit intrusion）。[24]

我们随着时间慢慢建立了这些习惯行为的图书馆，让我们尽可能地按习惯行事，不论是在网页右上角寻找购物车，还是在道路某一侧开车。任何哪怕些许违反这些习惯来彰显自己的与众不同的策略，都少有善果。

过去的经验引导我们的认知。这就是为什么一个可靠、持续的服务至关重要。糟糕的第一次经历可能会严重影响客户预期，他们再也不会回头，或者需要一场艰苦卓绝的战斗，才能重新赢回客户。不要总以为自己可以无休止地循环从默默无闻到一鸣惊人的方式，最初的糟糕体验在客户脑海中形成的信念必须被打破。最好的建议是：第一次就做正确的事，或者第二次做非常正确的事。[25]

改变信念

我向妻子求婚时,我完全知道她想要什么样的订婚戒指。她曾经指着乔治·杰森珠宝店里的一枚戒指——眨眼,眨眼,轻推,轻推。但到底为什么要送一枚钻石戒指呢?这可不是你想象的长久流传下来的传统。这个流传世界的想法源于历史上一个最成功的广告营销活动。

20世纪30年代,戴比尔斯珠宝店找到了爱尔广告公司,希望改变美国公众对钻石的看法——让钻石成为浪漫、永恒和订婚的代名词。他们希望男人相信爱的最好表达是通过钻戒的大小和质量,并且要用这枚钻戒来求婚。

广告公司对该任务投入了极大的热情,公司甚至向高中女生宣导订婚钻戒的重要性。公司的宣传标语——"钻石恒久远,一颗永流传"完全捕捉到了营销活动的精髓。1967年公司开始在日本进行宣传,当时只有5%的新娘结婚时收到钻戒,14年后,这个数字变成60%。[26]在世界上的许多地方,订婚钻戒已经成了公认的传统。

如戴比尔斯公司所做的,信念和观念是可以改变的。事实上,我们的进步往往依赖于这种改变。问题在于,我们如何能最有效地做到这一点?

在《信念商机》(*The Business of Belief*)一书中,汤姆·阿萨克尔把这个改变过程比喻为让客户穿过一座横跨深渊的行人天桥。[27]不要试图大喊大叫或者用逻辑来说服他们,这毫无用处——人们对高度的恐惧本身就是不合理的!应该鼓励他们遵循你的指挥,他们会慢慢地挪步,走过天桥。阿萨克尔提出了一种双管齐下的方法。

首先从人们已有的愿望和感觉开始。您需要知道什么可以激励他们跨越大桥。"人们对更好体验和更好生活的期望，会吸引他们跨越信念的桥梁。"阿萨克尔如此写道，"高效的领导者们会画出一幅栩栩如生、引人注目和感同身受的图画，来点燃人们的想象力。这些画会让人们迈出脚步。"[28] 戴比尔斯在这点上做得非常出色，他抓住了男人的欲望，不仅要表达自己的爱，还要展现自己在生活中的地位和取得的成功。

其次，必须尽可能让客户感觉到舒适和安全，提供可靠的证据说明桥梁是稳固和安全的。[29] 戴比尔斯在这点上也很出色，它确保钻石出现在浪漫电影里，以及不断在杂志里展示名人和皇室成员戴着钻石的照片。在这种榜样角色的影响之下，人们相信钻石是浪漫的终极象征，客户开始热切跟风。

目标

20世纪60年代末，日本日立公司推出了一款"魔术棒"（Magic Wand），它是一部插电的震动按摩器，旨在帮助减轻背部疼痛。然而，客户却把它用在了别的地方，这款魔术棒很快成为最畅销的女性情趣用品，这大大出乎了公司的意料。50年过去了，直到今天这款产品仍然被誉为"按摩棒里的劳斯莱斯"。[30]

还有很多以这种无心插柳的方式取得成功的产品。添柏岚的工作靴成为时尚单品；陆虎揽胜越野车成为都市地位的象征；Hammond organ 电子琴——最初被设计为替换教堂管风琴的低成本乐器——作为爵士乐和摇滚乐器也取得了巨大成功。作为背部按摩器,魔术棒是一个一般性的产品,但是作为情趣用品,它成为市场的领导者。产品本身并未改变,改变的是客户心中的目标。

每一种产品或服务都应该被视为一种客户实现目标的手段。如市场营销专家西奥多·莱维特所说:"人们并不是想买有 0.25 英寸钻头的电钻,人们想要的是直径 0.25 英寸的洞。"[31] 你的产品必须满足客户的目标才是有用的,即使不是原来设想的那样——魔术棒告诉我们这个道理。

随着时间的推移,很容易忽略客户的目标。如果你整天都在设计、生产和营销电钻,就会很容易忘记客户的目标是打一个洞,而不是拥有一个电钻。危险还在于,这种狭隘的视野会蒙蔽你的双眼,让你看不到新的竞争对手,也看不到可能到来的激动人心的机遇。

为了不让这种情况发生,你可以从三个角度考虑客户目标:超级目标、潜台词和成功标准。

超级目标

几年前,我认识到从事演员这个职业的人可以教我关于如何理解客户需求的知识,因为成功扮演一个角色必须要变成那个角色——像角色那样思考、感受。这使我开始学习斯坦尼斯拉夫斯基体系知识,即演员们用来深化角色内涵的方法——我也从中学习到了非常有用的技巧,远胜过我在商业书本中所学到的。

我学习到，要演好一个角色首先要从了解一个角色的本质开始——套用到商业，即客户的本质——发现他们的超级目标，即驱动客户所有其他行为的首要目标。[32] 客户的直接目标也许是购买一个浴室体重秤，但秤本身是实现更高目标的方法——减肥或监测某健身程序的进度。再上一层，还有一个可能的超级目标是增加自信：对自我形象感觉更好。这是一个可以帮助开发更好产品的商业洞察。

发现客户超级目标会打开你的思路，进入一个机会的世界，这个世界在产品层面上是看不到的。许多今天的热门产品和服务都直接找到了客户的超级目标，并以一种更深邃或更简单的方式满足了该目标。

购买音乐的目标一直以来都是聆听音乐——这就是超级目标。iTunes商店、Spotify（声田）和其他流媒体服务都一直牢记这一超级目标。而唱片业则全神贯注地投资在形式上——销售实体媒介——因此它们错过了互联网提供的机会。聆听音乐是真正的目标。拥有实体媒介——也许拥有任何东西——都只是达到目的的手段。

同样，读一本书的超级目标是学习或欣赏内容。通过关注这个超级目标，亚马逊创造了Kindle，而不是局限于书本这一物理形式。这些例子中的超级目标似乎很明显，但仍然被大多数人所忽视。

超级目标不会经常改变，如果有所改变，那就为它们创造一个稳定的平台来实现。超级目标远远少于底层目标，这也使得记录超级目标更为方便，这种记录也是所有客户细分工作的良好起点。

想要发现超级目标，首先从明显的客户目标开始，并不断问自己一个问题："为什么客户要这样做？"直到发现最重要的目标为止。

然后，把你大脑中的现有产品和服务漂白，想象所有可能的奇妙方法，来满足客户这种更高的需求。

始终在脑海中牢记客户的超级目标，并记得产品只是达到终点的手段，如果你发现竞争对手的产品直接指向客户的超级目标，请重视这一威胁。

潜台词

人们往往嘴上说一件事，脑子里想着另一件事，手上做的又完全是另一件事。有一些话题我们可以轻松谈论，有些则不行，这在进行客户调研时往往会形成阻碍。如果人们不说自己所想，不做自己所说，我们怎么能知道他们想要什么？我从斯坦尼斯拉夫斯基体系偷来的第二招可以帮助我们。

秘诀是思考潜台词——客户正在想但没说出来的是什么？[33]他们不愿讲出来的目标是什么？如果你可以了解客户的潜台词——他们不公开讨论但对他们很重要的东西——就可以创造出更具竞争力的产品。

一个例子是Lloyds药房在线医生系统。这家英国企业针对人们难以启齿的健康问题，提供特定的服务。这些健康问题包括性功能障碍、脱发以及紧急避孕等。

如网站介绍所说："这些情况可能很难对家庭医生启齿，但我们的在线服务可以提供一种安全且隐秘的方法，帮助你得到所需的治疗。"[34]网站强调了寄药包裹的私密包装以及服务的高度保密性，这些对客户来说，和得到有效治疗同样重要。

通过读懂问题的潜台词——我想避免尴尬——企业创造了火爆的服务产品，并获得了一系列健康方面的奖项。[35] 网站上的诸多好评说明读懂潜台词是多么重要。有客户甚至说，他们宁愿坐在家里长期忍受痛苦，也不想去医生那里。客户的目标也许是治病，但避免尴尬的潜台词太强大，以至他们宁愿放弃正常就医。

在 B2B（企业对企业）模式里，潜台词更为明显。争面子、在老板面前表现、争奖金、回避责任或争权夺利等，都是隐藏在潜台词里面的真正目标。在职业生涯早期，我曾经得到教训，如果无视这些事情，或者更糟糕的，把它们在台面上讲出来，通常不会有好的结果。

成功标准

当找到了超级目标和潜台词后，最后一步是找到客户的预期结果和成功标准。[36] 换句话说，如何了解客户已经成功实现了目标？超级目标或潜台词有时还有些抽象，结果和成功标准应该尽可能的明确和清楚。

本书中一些关于结果和成功标准的例子可能如下：

- 我对自己的企业决策更有信心了。
- 我已经学会了一些使用技巧，可以做出更好的判断。
- 我获得了宝贵的非本专业知识。
- 阅读这本书让我感觉是很好的时间投资。

不要拘泥于做笔记的形式，随性记下尽可能多的内容，以方便在以后修改、巩固和检查。练习的重点是让脑海中的各种想法不断涌现，思考客户试图达成的目标。这些假设可以测试、验证，并用作开发产品和服务的基础。

关键测试

为了总结本节内容，这里有一个精妙的问题可以看出你了解客户目标的程度：

如果产品或服务是答案，那么问题是什么？谁在问？

回答这个问题将促使你做三件事：第一，把自己的产品看作解决客户问题的方案；第二，把面临的机会框出来；第三，明确自己的目标客户群。

寻求答案不要局限于企业内部。如果收集到的答案存在广泛分歧，或很难找到一个清晰的答案，则可以肯定，该客户目标需要进一步调查。

壁垒

壁垒是阻碍客户实现目标或采用产品的绊脚石。大多数企业都关注产品的好处，却完全忘记了壁垒的存在，留下一个开放的目标给那些可以找到并解决壁垒的人。这些壁垒可以分为三类：操作型、体验型和经济型。

操作型壁垒

"空中巨无霸"空客 A380 曾经如此辉煌，为乘客提供了梦幻般的飞行体验，但其巨大的体形迫使它只能在少数大型机场降落。发动机的间距太大，可能会对跑道照明系统造成爆炸性损坏；需要大型牵引车牵引它们到特别加宽的跑道；还需要额外的车辆把乘客和物资送到飞机旁。伦敦希斯罗机场专门拨出了 2.2 亿美元来容纳这些庞然大物。[37]

适合 A380 的飞行路线数量有限，因此大部分航空公司都会选择体积更小、使用更灵活也更容易产生回报的飞机。空客集团表示，公司已经无法收回用于该项目的 250 亿美元的投资，随着订单的减少，A380 可能不得不在 2018 年停产。[38]

空客的故事告诉我们，操作型壁垒会阻碍本来非常优秀的产品的成功。下面来看些最常见的操作型壁垒，其中任何一个都足够强大到阻止新竞争对手的加入。

易用性

如果一开始接触产品或服务就遇到困难，会直接把客户挡在门外。烦琐的注册和创建新账户流程、安装驱动程序和软件流程等——这些壁垒会让我们马上掉头离去。云服务的电脑系统之所以如此受欢迎，一个主要原因在于，它把硬件和基础设施变为别人去操心的事。

除了知道要通过实践和付出努力创造一个好的开始之外，还特别需要注意产品流程的更改或额外设备。对于客户来说，这些负担可能比你想象的更沉重，甚至导致客户流失，一个本来大有前途的产品会因此失败。

兼容性

在苹果和谷歌进入智能手机市场之前，BBM——来自黑莓的一款即时通信软件——已经取得巨大成功，也是品牌的主要吸引力所在。但是当客户开始流动到更有吸引力的 iPhone 或安卓手机时，黑莓公司并未开放自己的 BBM 到这些平台，而是依旧绑定在自己的设备里，在数百万潜在用户面前竖起了一道壁垒。该策略成了压倒创始人吉姆·贝尔斯利的最后一根稻草。吉姆一直倡导开放平台，无奈董事会最后通过了关闭服务的决议，吉姆因此辞职并出售了手中所有的公司股票。[39]

与此形成对照的是，WhatsApp（网络信使）迅速认识到竞争格局的改变，马上着手拆除壁垒，它开发了多种语言版本，并开放到尽可能多的平台上。

黑莓公司最终开放了 BBM 到其他设备，但已经太迟了。在本书写作之时，WhatsApp 拥有超过 10 亿的活跃用户，是 BBM 用户群的 10 倍。[40] 找到一种方法，让自己的产品和客户已经采用的技术和设备兼容，会让客户更容易接受该产品。

技术前瞻性

新旧技术之间出现模糊地带——一种是成熟、稳定但日趋衰落的技术，另一种是年轻、充满潜力但还无法独挑大梁的技术——可能是一个困难的时期。数码相机的早期时代和当前燃油汽车向电动汽车的过渡都是很好的例子。

没人愿意轻易下注，所以当选择技术标准时，客户通常会等待，或选择他们认为会成功的技术。如果企业的解决方案基于一个客户认为会失败或短寿的技术，这就竖起了一道难以逾越的壁垒，不论产品或服务本身有多么优秀。[41]

功能风险

和名字听上去一样，客户会思考采用可能无法成功的产品所带来的风险。如果想要客户购买，产品设定的功能必须成功实现。

医疗初创公司 Theranos 有一个神乎其神的承诺——采用颠覆性的技术，从指尖采集血样进行验血，而不再需要静脉抽血，并且验血结果比传统方法更快、更准，也更便宜。

备受吸引的投资者为该公司投入了超过 4 亿美元资本。[42] 创始人伊丽莎白·霍尔姆斯被铺天盖地的奖项包围，并成为历史上最年轻的白手起家的女性亿万富翁。[43] 连锁药房 Walgreens 也推出和 Theranos 的合作，并在店内开设了 Theranos 健康中心。所有成绩的背后只有一个问题——奇迹技术并不奏效。

《华尔街日报》发表了一份调查报告，质疑该公司做出的所有承诺，公司的运作完全脱离了正轨。[44] 2016 年年中，文章发表还不到一年，一切都变了。

伊丽莎白两年内被禁止进入血液测试行业，当然她本人正在提出申诉。[45]《福布斯》将她的净资产从 45 亿美元重估为零。[46] Walgreens 断绝了和 Theranos 公司的所有关系，但也正在以误导投资者的罪名接受刑事调查。[47]这个极端的例子说明了一个简单的道理——产品或服务的功能必须要成功实现。

分销和网络效应

如果没有一个实体渠道，客户就无法购买一个产品或一项服务，这是不言而喻的。必须要为客户提供一个尽可能方便的分销渠道。

一个更具挑战的壁垒是产品的价值来自使用人数——换言之，实现产品价值的关键是要创建一个使用网络。开发一个信息应用或社交软件很难，因为早期很少会有人真正使用。像爱彼迎或易贝这样的市场交易平台也是如此，需要大量的房东和房客或卖家和买家才能支撑起平台。在［可复制性：打造产品的"护城河"］一章中我会深入探讨更多细节。

体验型壁垒

在所有的壁垒中，最大的壁垒来自潜在客户的惯性、厌恶风险和不愿尝试的心理。这点也许显而易见，但是鼓励客户体验我们的产品，需要让体验过程尽可能愉快。这里有一些方面值得考虑。

可试用性

亲身体验产品的好处——形式也许是免费试用、提供样品或店内演示——会为客户降低风险。[48]我们如何让这些好处在试用时凸显出来，是说服顾客最终购买的关键。[49]价格越高或产品越不寻常，可试用性就越重要。

培训和专业知识

顾客有时会不知道你的产品可以解决他们的问题，或者只是没有足够的专业知识来选择合适的产品。这是市场营销的黄金机会所在，先把为顾客介绍产品信息放在一边，开始扮演一个教育的角色，指导顾客选择特定的产品以及如何进行选择。在一个几乎每个市场都供大于求的世界里，成为顾客决策的盟友会带来巨大的商机。

为此可以采用两种方法。一种是在描述产品特点的同时，讲清这些特点带来的具体好处。另一种是为顾客提供指导性内容，帮助顾客了解产品。背包制造商 GORUCK 在这方面做得非常出色，公司不仅解释自己生产的背包的功能和优势，更对制造工艺、材料选择、设计思想以及特定场景中的最佳背包选择等加以介绍。[50]

一旦我们选择了一个产品，对大多数人来说，如果首先拿出使用手册来看，这其实是一种承认失败的表现，是不合乎逻辑的。如果一开始就认为学习曲线会很陡，足以让我们放弃，尤其是科技产品。[51]产品的目标应该是让顾客从新手变为老手，越快越好，然后允许他们按照自己的速度朝专家迈进。

强大的后备选项

如果一个激动人心的新产品无法按照预期工作，我们通常不会继续坚持，而是回到我们已经用过并测试过的方案。强大的后备选项制造了一个壁垒，因为如果新的服务没有立即呈现优势，客户很少愿意继续尝试。如果后备选项很强大，接受新产品可能是一场艰难的战斗，除非新产品的优势非常明显：更好、更稳定和更容易操作。

惯性行为、心智模式和 MAYA 原则

如我在前文解释的，随着时间的推移，我们建立了关于世界如何运作的惯性行为和心理模型的图书馆。当受到新理念的挑战时，我们本能地想拒绝它们，更愿意接受自己熟悉的东西。一个产品如果和固有的习惯或习俗有诸多冲突，就很难被客户所接受。

具有传奇色彩的现代主义设计师雷蒙德·罗维设计了无数作品，从各式商标到烟盒、火车、公共汽车和冰箱。他说："我们的愿望当然是为消费大众提供最先进的产品……不幸的是，事实一次又一次地证明，这样的产品的销售并不理想。似乎每种产品都有自己的特点……这是一个关键的区域，在这个区域，消费者对新奇产品的渴望达到了我所称的'休克区'的程度……这似乎是新鲜事物的吸引与对陌生事物的恐惧之间的一场拉锯战。"[52]

作为回应，他把目标对准他所谓的 MAYA 阶段，即英文"Most Advanced Yet Acceptable"（最先进的但是可接受的）的简称。这个状态是产品有着足够的新奇性以吸引人，但也并未激进到全然陌生。[53] 决定产品或服务的MAYA状态更容易让客户接受；如果过了这个状态，即便更具逻辑意义或技术上更可行，也可能会把客户吓跑。

经济型壁垒

NetJets 是第一家对航空旅行进行"部分所有权"[54]市场营销的公司,该营销策略允许个人或企业购买私人飞机的部分所有权用以共享,而不用完整买下,所有购买和维护的成本由多方承担。该公司一直处于市场领先地位,打造出一家拥有超过 700 架飞机的全球舰队。[55] 它的成功在于解除了客户的经济型壁垒:客户想拥有私人飞机,但价格因素让他们望而却步,下不了决心。

需要声明,解除经济型壁垒和降低价格不同。应该从一开始就为产品找到最佳价格,而不是为了销售额而打折——我会在"收入:如何专注做利润高的产品"一章进行详细阐述。消除经济壁垒是为了让这个最佳价格点更容易被接受,或者说能够帮助客户在支付时更心甘情愿。

利用一个巧妙的收入模型削减前期成本,或者利用多笔付款分摊成本,可以获取更高收益,而不损害客户的现金流。这是在大额项目中常见的做法。

你还可以降低转换成本,并将客户面临的任何财务风险降至最低。像确保交易和金融数据的安全这样简单的事情,会在赢取客户方面发挥巨大的作用,就像网购时清晰且方便的退货流程一样。

整合一切资源

有一种最简单的方法来消除壁垒的影响:对每一个类别都仔细分析并分配一个等级:不适用、红色、黄色、绿色。[56] 也可以用这个方法评价最接近的对手的产品，找到和自己的不同之处。以手机支付应用 PowaTag 推广中所面临的壁垒为例，尽管它的融资额近 2 亿美元，却在 2016 年因破产而登上头条新闻。[57]

PowaTag 的运作方式是让用户在手机上安装一个应用，然后用摄像头扫描一个二维码。随后该应用利用用户在注册时提供的信用卡信息处理付款流程。

零售商可以将该二维码放在网站上，或是印在广告传单上，或是直接印在产品上，顾客可以直接从产品目录或杂志上购买产品，也可以扫描包装上的二维码再次购买产品。商家们也利用各种手段如超市中的广播、电视广告等宣传这种购买方式。公司面临的壁垒如下表所示：

PowaTag 客户面临的壁垒

操作型壁垒	等级	备注
易用性	黄色	客户必须下载应用，创建账户并保存信用卡信息后才能使用。已经集成在手机操作系统或硬件系统的方案不会有这个壁垒
兼容性	绿色	应用可以在 iOS 或安卓系统使用
技术前瞻性	红色	智能手机制造商正在产品中嵌入 NFC（近场通信）用于手机付款，已经有越来越多的零售商支持这一技术。包括 Apple Pay、安卓支付和三星支付都基于该技术
功能风险	黄色	扫描二维码可能利弊各半。图片对齐和背景照明都会影响扫描时的成功率
分销和网络效应	红色	推动消费者接受产品需要零售商的大力支持，否则该应用程序根本落不了地。让零售商采用该技术有两个条件：一是有足够的利益，二是客户有这种需求
体验型壁垒	等级	备注
可试用性	红色	如果零售商不大量采用，客户可能会犹豫是否要首先体验

（续表）

操作型壁垒	等级	备注
培训和专业知识	绿色	该应用不要求任何特别的技能，客户只需稍许了解技术和用途，不需要任何专业知识
强大的后备选项	红色	客户可以选择多种付款方式，如传统的电子转账、借记卡、信用卡或非接触式智能卡、现金等
惯性行为、心智模式和MAYA原则	红色	用手机扫描二维码不是一个广为人知的付款模式。通过扫描电脑屏幕或平板上的二维码购物对客户来说也很陌生。Shazam公司的客户可以通过扫描音频文件进行下一步操作，但在零售业并未普及

经济型壁垒	等级	备注
前期成本	绿色	应用本身免费
切换成本	绿色	本身不存在转换成本
财务风险	黄色	PowaTag不是知名的消费品牌。有些客户可能不习惯将信用卡信息储存在某个自己不信任的应用程序里

可以看到，PowaTag面临数道壁垒：强大品牌认可的前瞻性技术、网络效应、有限的可试用性、明确的后备选项和不熟悉的心智模式。

不论在实践中该方案多么行之有效，这些接受壁垒严重阻碍了公司发展，对该类技术和市场非常了解的风险投资家都没有投资。PowaTag的资金最终来自一家基金投资公司，该公司更类似于债券和股票投资机构。[58]

采用相同或类似技术的替代策略可能会带来可行的业务——也许该技术的专利可以转让给别的品牌并嵌入它们的应用程序，以避免网络效应壁垒——但作为一种主流的移动支付标准，如此高的接受壁垒很可能会导致二维码扫描方案被挤出市场。

容易购买和使用的产品才是赢家。如果客户在实现目标或接受产品时会遇到很大的壁垒，你必须找到方法来解决。

关键问题

价值和信念

- 客户如何描述或认识自己?
- 客户希望通过产品表达什么价值?
- 需要改变什么固有信念才能让你的产品成功,为此你该怎么做?

目标

- 客户的超级目标是什么?
- 客户的隐藏目标或潜台词是什么?
- 如何知道客户是否成功达到了他们的目标?他们的成功标准是什么?

壁垒

- 客户已经拥有了哪些设备,是否必须兼容?这会不会成为壁垒?你的产品会影响工作方式吗?
- 是否可以减少客户开始使用你的产品或服务所需要的工作量?
- 目标客户面临着哪些经济壁垒?你可以找到方法解决吗?

	希求性	盈利性	长期性
客户	**需求** ● 价值和信念 ● 目标 ● 壁垒	**收入** ● 收入模式 ● 价格 ● 销量（数目和频率）	**客户群** ● 认知度 ● 获取 ● 保留
市场	**竞争对手** ● 品类 ● 地域 ● 替代者和取代者	**议价能力** ● 与客户 ● 与供应商 ● 规则和法规	**可复制性** ● 法律保护 ● 持久优势 ● 竞争者滞后
组织	**产品** ● 主张 ● 客户体验 ● 品牌吸引	**成本** ● 可变成本 ● 固定成本 ● 资本支出	**适应性** ● 现金状况 ● 可扩展性或能力 ● 复杂度和僵化度

第五章

竞争对手：最小化正面对抗的方法

你对竞争对手的最早记忆是什么？

我的记忆是一种棋盘游戏——四子棋（Connect Four），以及和我哥哥的赛车比赛。年轻时我也热衷运动。从小我就热爱跑步，十几岁时参加赛艇比赛，一直到竞争变得无比激烈的时候。那一刻我对赛艇突然失去了兴趣——赛艇运动员们都非常痴迷于这项运动，否则就失去了坚持下去的动力。

学校生活也存在激烈的竞争。我们被关在寄宿学校，要努力争取好成绩，要在结冰的操场上比赛，在学校的各种场所要抢位子。我和我最好的朋友打赌看谁对这些更不在乎。我们都是让老师和家长皱眉的落后分子。

这些上学时的经历让我们关于竞争的想法根深蒂固。运动场上有赢家有输家，竞争的目的只是击败对手。在学术界，优秀存在于教学大纲的条条框框中。然而，这两个领域有我们想象不到的共同点：竞争的同时也需要团结协作。[1]

在体育运动中，双方首先要就比赛规则达成一致，作弊会遭到球迷以及对手的谴责——问问兰斯·阿姆斯特朗就知道了。[①] 在学校里，考试评分标准要始终如一，正确答案必须事先明确。但是这两种规则在商业竞争里都不适用——至少程度上不同。

如果体育如商业，在帆船比赛中采用气垫船，没人会叫犯规——这叫创新。而带100个人参加足球比赛也不是犯规——这叫规模优势。

商业里没有正确答案，目标是发明新的规则，并强迫别人遵守。然而，在有意无意间，我们本能地将别的领域的竞争意识带入商业。通常可以看到两种适得其反的做法。

第一个做法是"只做最好"。我们下定决心打垮对手，每一步都要超过对方。[2] 对手降价，我们也降；对手添加了一个功能，我们添加两个。最后的结果呢？无人想买的产品，更少的利润，或者两者兼有。

第二个做法是按照"最佳实践"去做——复制市场领导者制定的教学大纲——直到所有产品都大同小异，客户几乎只根据价格选择产

---

① 作者这里指的是美国自行车手阿姆斯特朗兴奋剂舞弊事件，阿姆斯特朗被美国反兴奋剂机构取消了他自1998年8月1日后参加的所有比赛成绩，其中包括7个环法冠军。——译者注

品。[3]这两种方法都不好。我们应该从自然界获取灵感。

自然生态系统包含数百万物种，它们相互作用、竞争和共存，这和经济体中的企业十分相似。从生态学来说，竞争被定义为物种之间直接或间接的相互作用，这些作用会减少获取赖以生存的资源的机会。[4]把"物种"一词换为"组织"，就给出了商业中关于竞争的定义：组织之间直接或间接的相互作用，这些作用会减少获取赖以生存的资源的机会。

这完全合理。在自然界，竞争的互动可能是直接的，也可能是间接的；可能来自自己的"物种"——完全相同领域内的竞争对手——也可能来自侵入"物种"；竞争可能来自正面冲突，也可能来自上游或下游需求的变化。和生态系统一样，一个行业的竞争激烈程度取决于资源的稀缺性——太多供应商追抢太少的客户，会对我们的生存造成威胁。

最后，如果我们不把商业世界视为竞技运动，而是一个生态系统，我们就会认识到共生的可能性。直接竞争——卷起袖管开始打架——通常在自然界是最后一招，因为即使是胜利者往往也要遭受苦痛。在商界也是如此。有时无法避免的头破血流的正面冲突，并不是好的出发点。

历史上最伟大的军事思想家也赞成这个观点。军事思想家李德·哈特（Liddell Hart）曾经说过，直接攻击——不论在思维方式、商业竞争或打架方面——"都会挑起顽强的抵抗"。[5]我们的攻击越犀利，反击就越强劲。

为了把对抗对双方造成的损伤降到最低，物种不断进化，学会用各自的方法使用资源。如达尔文所解释的，"一个区域物种越丰富，共生数目越多"。[6]

长颈鹿的长脖子让它能吃到别的物种够不到的叶子。有些物种共享一个环境，但在一天的不同时间捕食，避免冲突。这就是我们要带入经济丛林的方法——因不同而繁荣。那这种方法在实践中应如何实现呢？

首先要深刻理解竞争环境。只有这样才可以决定如何用最好的方式融入。我建议三步走。首先探索自己的**品类**——建立所属市场动态的基本知识体系；接下来确定自己的领地——想要占领的**地域**范围；最后，找出你的对手，即你必须面对的可能的**替代者或取代者**。

然后就可以找到自己的位置，最小化正面对抗，以增加成功的机会。对于已经成熟的企业，同样的三棱镜可以帮助找到当前的机遇和挑战。

品类

品类是客户理解的产品或服务的种类——吐司机、平板、帐篷之类。选择一个明确的品类至关重要，原因有二：其一，它反映了客户的想法；其二，它划定了边界，方便进行竞争分析。[7]

品类清晰度

请看两种产品：雷诺的 Avantime，一种双门多用途跑车；以及沃达丰的"360"，一种软硬件结合产品，既是手机，也是应用商店，还集成了社交网络以及基于云的通讯录。[8] 这两种产品有两个共同点：它们不符合任何客户可以理解的品类；它们都失败了。

客户从已有的品类里购买产品，因为这样最简单。如果产品有一个清楚的品类——跑鞋、办公椅或院子栅栏——我们会马上理解产品的用处以及怎么用，并且我们对该如何选择有个基本的想法。当产品品类不明显时，我们很容易干脆拒之门外——我们懒得去搞清楚。[9]

就算某个产品非常新奇或真的不属于任何一个现有的品类，也应该用一个熟悉的名词来做市场营销，直到消费者或专家都一致认为需要一个新的名词来描述该产品。比如，iPhone 之前按照手机品类来做营销，而不是作为一个手持微型电脑。选择明确的品类是第一步。

品类潜力

下一步，无论是新的企业，还是市场上的现存企业，我们都必须注意品类的潜力。如果该品类太小或缺乏竞争力，无法创造可行业务，则进入该品类毫无意义；同样，盯着一个日益萎缩的市场也毫无意义。精明的领导者总会冷静地分析品类，根据品类可能产生的回报选择进入或退出，而不是用情感来衡量一个产品或业务。[10]

基本的步骤是评估该品类的市场是正在增长还是在萎缩，以及机会的大小。为了评估这一点，可以从该品类现有玩家的研究报告、媒体报道和销售数据中收集信息；还可以采用从下至上的方法，利用人口和地理数据估算市场规模。一个常用的追踪品类增长的方法是市场渗透率（market penetration）——一段时间内，某个品类已有的客户数量占总人口的比例。[11]

另一种方法是研究互补品类。旅游业的衰落会影响餐馆的生意。显然，旧金山的乒乓球桌的需求量也会随着技术行业的兴衰而相应浮动。[12]

品类进退壁垒

如果一个品类很大但几乎没有盈利机会，那么固定在该品类也毫无意义。评估盈利潜力的一个方法是研究该品类的进退壁垒。

进退壁垒影响供应。如果没有办法阻止新的竞争对手涌入同业，供过于求的局面会将价格和利润压低。如果现有玩家由于退出成本太高而无法离开，他们会尽可能地把品类搞得难做，以阻止新的参与者进入。[13]

进入壁垒是让新公司加入某个品类的困难度，包括：入门成本，经验丰富的人才，规模经济，分销途径以及监管力度。[14]制药业的这些壁垒解释了这个行业如此难进的原因。但是即使只有一道进入壁垒，也足以阻止来自他人的竞争。

如果其中某个因素发生改变——比如进入成本降低——新参与者就会更容易加入。更多的竞争者出现会发生两件事：第一，现有玩家必须更加努力才能脱颖而出；第二，会导致价格下降。

关于进入壁垒的一个典型的例子是爱彼迎对传统酒店的影响。爱彼迎刚一出现，酒店业就对它开战了。[15] 来看一下爱彼迎对进入壁垒的影响就知道为何如此。

酒店必须拥有或租用场地、雇用服务人员以及必须满足复杂的监管法规——尤其是健康和安全方面。爱彼迎的房东则不必承担这些成本——只要有一个空房间就可以。爱彼迎通过移除这些进入壁垒，增加了大量新的住宿选择。爱彼迎的房东用更低的成本，迫使酒店降价，否则他们将获得高利润。难怪酒店从业者怒不可遏。

退出壁垒，如名字的意义一样，指的是阻碍或限制某个企业离开某一品类的因素，比如不易脱手的资产，和其他业务单元的依存关系，等等。比如航空公司，就面临很高的退出壁垒，因为它们无法一夜之间把飞机都脱手处理掉。高退出壁垒的存在是为了让现有玩家更具防御性：知道自己无法轻易退出，他们可能会牺牲短期利益，甚至不择手段，以挤走新手。

当维珍航空得到伦敦希斯罗机场的运营许可后，其直接竞争对手英国航空公司尽其所能地进行破坏。英国航空公司发起了一个秘密的"肮脏伎俩"活动，包括黑入维珍航空的电脑系统，告诉维珍的客户航班被取消，并挖角维珍员工等等。当这些举动被曝光后，英国航空公司赔偿了维珍300万英镑。[16]

品类要求

每一个品类都有基线特征或者说"类同点"（Points of Parity, POP）。[17] 指的是一个产品可以被归属于某个品类的基本特征，是竞争产品的最低要求。对于汽车来说，可能是四个轮子；对于手机来说，可能是拨打和接听电话；对于一本书来说，和一篇文章的区别是最少字数要求。道理很明显，但是历史上缺少基线特征的失败产品多如牛毛。

加拿大 RIM 公司推出的 Playbook 平板电脑被定位为"可用于工作的"、可以取代 iPad 的产品，但产品却没有配备 VPN（虚拟专用网络）访问功能，没有打印功能，甚至令人震惊的是没有自己的电子邮件系统。因为不具备这些最基本的功能，Playbook 成为一款灾难产品。最终 RIM 公司对未售出的股票减记了 4.85 亿美元。[18]

作为物种的一员，人类成功的秘密在于我们一直有能力适应周围的环境。但这也意味着曾经闪耀的功能很快会被视为理所当然。密切关注基线要求的变化是保持竞争力的关键。

可以用一张表列出客户评估性能的指标。对于一本小说来说，可能是作者的知名度、书评的星级评分、总字数、是否能够轻松阅读、封面是否吸引人等等；对于一家超市来说，可能是食品质量、商品的范围、工作人员的态度以及整体氛围等等。这些指标是客户评估该品类的参考，也为描绘整个竞争格局提供了一个粗略的起点。

地域

一旦确定了品类，下一步就该考虑地域——你打算覆盖的地理范围。[19]

作为基本要求，地域必须有足够的需求，足以建立可行的业务。

对于某些企业来说，一个人口稠密的城市已经足够，而有些企业却希望覆盖全球。

不同地域，不论是邻里、地区或国家，都会在网格的剩余部分展现出不同的特点。客户需求、选择、成本、法规和价格……在不同的地方会表现不同，如果你正在考虑业务扩张，对每一个新的地域网格都要重新研究。

如果你的企业依靠网络效应取得成功——如果产品价值取决于使用人数——地域会变得特别重要。因为只有我们一次专注一个区域，而不是过度扩张造成分散，才更有可能成功。在"可复制性：打造产品的'护城河'"一章中我会继续论述。

另一个需要考虑的因素是某地域内的具体位置。如果你的办公室地理位置不佳，可能很难吸引最好的员工，或者客户也不愿意访问。如果你准备租一家零售商店，要先弄清楚之前这家店的生意如何。如果之前的商店倒闭了，问题也许出在地理位置上。反之，如果一家企业离主要的供应商或客户很近，这很可能成为一个成本优势。[20] 当然，对于零售业和酒店业来说，地理位置尤为关键。地理位置是客流量和引起客户注意的关键，并有助于展现品牌价值。

替代者和取代者

让自己有明确的品类和地域可以把我们必须研究的对手限定在一个范围内，但市场上仍然有很多选择。如何决定真正的对手是谁？下一步是选择一个定位。

定位

艾·里斯（Al Ries）在《定位：有史以来对美国营销影响最大的观念》(Positioning: The Battle for Your Mind）一书中这样写道："客户不是购买，而是选择……品牌的优点或缺乏优点和定位相比，其重要性不可同日而语。"[21] 因此，关键在于找到客户可能会采用的参照点，并决定产品的定位。在我看来，做到这一点最有效的方法是，绘制一张通用的"市场地图"（我的地图结合了战略家理查德·亨廷顿的价值网格，以及雷·科尔杜普莱斯基的市场地图中的元素）。[22]

市场地图是一张有着两个轴的简单图标，一个轴显示"付出"，另一个轴显示"得到"——也就是说，这幅图显示的是客户对产品质量或性能的整体评价。整个象限分为 9 个区域，如下图所示。

离谱 两分钱半分货	奢侈 两分钱一分货	高端 两分钱两分货
舒适 一分钱半分货	中场	轻奢 一分钱两分货
廉价 半分钱半分货	平价 半分钱一分货	物有所值 半分钱两分货

纵轴：付出　横轴：得到

首先需要将产品、服务或品牌标记在框架中。可以从最低的预算开始，然后逐步向上，也可以从顶部开始，逐步向下；或者先定位一个熟悉的品牌，然后围绕它安排别的品牌——方式没有对错。我把妻子对时尚女装店的看法映射在图中，如下图所示。

离谱 *两分钱半分货*	奢侈 *两分钱一分货*	高端 *两分钱两分货* *Gucci/Burberry*
舒适 *一分钱半分货*	中场 *Top shop*	轻奢 *一分钱两分货* *Zara*
廉价 *半分钱半分货* *Rose/Primark*	平价 *半分钱一分货* *H&M*	物有所值 *半分钱两分货* *T.K(T.J)Maxx*

纵轴：付出　横轴：得到

当你画完市场地图之后，需要考虑自己的产品适合在哪个位置，或者说你想在哪个位置，一个客户可能作为参照点来评价你的特定对手。这种方法有四个主要好处。

1. 承认相对性

你在地图上的定位是相对于他人而言的，因此随着对手的改变而改变。一个廉价品牌可能会推动一个现有的品牌升至中场，或者一个物有所值的产品可以让一个高端产品显得定价过高。通过随时考察地图，可以思考新的对手会如何影响自己的定位。

2. 迫使你关注客户

品牌定位是高度主观的，这是一件好事，因为希求性本身就是高度主观的。一个人眼中的高端也许是另一个人眼中的奢侈。一个人眼中的物有所值可能是另一个人眼中的平价。

这意味着如果不了解客户，就无法完成这张图。它迫使你了解客户的需求，去询问当前和未来的客户还会考虑其他什么品牌，以及那些品牌处于地图的什么位置。这将会是一个让人脑洞大开的练习。如果一个企业和它的客户对于品牌定位意见不一致，这是一个危险的信号。

3. 展示了空缺位置

把同品类的所有玩家映射在一张图里可以突显哪些位置是拥挤的，哪些位置是空缺的，展示出未来的机遇所在。企业家吉姆·简纳德是市场定位大师，他在不同的领域创办了两家成功企业。奥克利（Oakley）太阳镜是一个高端品牌，提供的是"两分钱两分货"——高品质运动太阳眼镜以及一个相对高的价格。奥克利在 2007 年被陆逊梯卡（Luxottica）集团以 21 亿美元的高价收购。[23]

他的第二大事业——RED 数字影院，旨在为更多电影从业人员提供专业的数码影院摄影机。首款产品在 2007 年推出时，售价比其他对手低了近 90%，同时拥有更高的图像质量。[24] 竞争对手一台机器的一个月租金足以直接购买一台 RED 摄影机。

不出所料，这种"半分钱两分货"的定位吸引了非常多的电影工作者。但需要提醒的是，"半分钱两分货"是迄今为止最难实现的——和客户认知的冲突往往太大。许多人会怀疑如此低的价格能否保证高品质。

4.有助于营销和定价

让顾客感觉显而易见并容易选择的产品更容易取得成功。定位越清晰，顾客越容易选择。如果定位在廉价和平价之间、轻奢和高端之间的灰色区域，顾客会因为难以决策而放弃购买。企业价值主张和沟通应该明确表达自己的定位。

也可以利用市场地图，通过考虑定位相近的其他对手的价格来估算产品的最高价和最低价。如果你的目标是创立一个平价产品，则可以找到定位相近的产品在客户心里是什么评价——如果目标是平价，则要考虑廉价、中场和物有所值——并用这些信息为价格设定一个粗略的区间。

从产品开发之初就应该考虑定价，以避免产品和服务永远不能产生回报的情况。[25]"收入：如何专注做利润高的产品"一章会讲解更多细节。

对其他对手进行排序

现在我们已经研究了品类、地域和基本市场定位。所有这些都有助于将竞争对手减少到可控数量。是时候直接解决剩下的对手了，将它们分为三个阵营：替代者、取代者和自家品类。

替代者

可替代自己的竞争对手是客户会用来作为参照点的直接对手。

比如，奥迪 A4 和宝马 3 系和奔驰 C 级是同级别的。列一张替代者的清单，然后利用在品类中使用的价值标准，研究它们的强项和弱项。这是一个非常有逻辑的起点。如果能找到数据，你就可以通过观察市场份额的变化来衡量自身产品的表现，比如销量、收入或二者的变化。

如果找不到相关数据，则可以使用排除法来确定替代者的水平。如果你的收入或客户群正在缩小，但所属品类的需求仍然保持稳定或增长，那么你的对手很有可能正在对你产生影响。如果你的市场占有率显著下降，则必须重新研究网格，看一下是怎么回事——也许你的企业主张需要改进或者认知度有所下降。

取代者

可取代自己的对手是在自身品类之外、可以满足客户超级目标的产品。如果你要从英国去往法国，可取代方案包括轮渡、欧洲之星列车或廉价航班。[26]

请提防那些取代者。人们很容易以产品为中心——完全忘记客户的目标是在墙上打洞，而全神贯注在电钻上。这会让你麻痹大意，忽略对手，等发现时为时已晚。

和关注替代者一样，逻辑起点是列出取代者，研究它们的优缺点。一定要在取代者列表中考虑"非消费型"——你最大的竞争对手可能是那些什么都不买的客户。[27]

还可以用评估自己的方法评估取代者。它的规模在增长吗？如果是，是否影响到了你的品类？和替代者一样，如果你看到取代者发生了重大改变，请重新研究网格，考虑可能出现的新场景。

自家品类

最后，自己的产品和服务也可能互为对手。范围过于庞大往往也是一家公司失去战略方向的标志，说明公司正在乱枪打鸟，不知道客户想要什么，所以就狂轰滥炸整个市场，希望哪一枪可以命中目标。

如果企业采用这种方法，通常会遭遇失败，原因有三。第一，企业无一例外地会发现推出新产品的代价很高，必须重新设计、生产、储存、推广和支持。第二，因为企业分散到各种产品和服务的资源有限，无法周全，会影响到产品质量。第三，客户面临选择困难。[28] 大量选择扑面而来，会让客户直接放弃而转向另一个定位相对清晰的品牌。正是意识到这个问题，乔布斯在重返苹果公司后，大刀阔斧地削减了70%的产品线，全力改善剩下的部分。[29]

银弹测试

市场是混乱和不可预知的，在竞争的迷雾中，可能会看不清对手的模样。为了帮助人们集中注意力，英特尔联合创始人安迪·格鲁夫提出了一种"银弹测试法"（The Silver Bullet Test）：

如果你的虚拟手枪里只有一发子弹，那么多竞争者里你会打向谁？[30]

在你开枪之前，请仔细思考。你需要竞争对手作为评估价值的参照点——没有对手的话，客户也很难意识到你的产品或服务有多优秀。处于新品类的企业应该欢迎对手的到来，因为对手会帮助建立和壮大一个市场。有些企业已经采取了不直接面对对手的回避举措，那么就很难回答银弹测试的问题。考虑到这些因素，我把问题稍微做了些改动：

想象自己有一张魔网，可以把竞争对手的客户都变成自己的。你会把网撒向谁？谁会把网撒向你？

你的回答将会表明你对竞争对手的了解程度——如果你不清楚自己的品类、地域、定位以及替代者和取代者，回答这个问题就会非常困难；如果你的团队的答案差异很大，也是一个危险信号。为了帮助你规划未来，请继续回答下面这个问题：

想象现在是三年后，你会把网撒向谁？

这个问题帮助你区分当前的威胁和未来的威胁。如果团队的答案完全不同，别犹豫，赶快召集团队开会，把你的担忧说出来。

如果仍然回答不出这个问题，企业战略作家艾迪·宋提供了另一个问题：

如果你的企业明天倒闭，客户会把原本花在你这里的钱花去哪里？[31]

这应该可以帮你找出主要对手，这是在创建你的产品时需要考虑的一个关键因素。

关键问题

品类

- 你的产品或服务属于哪些品类？对客户来说是否明确？
- 对该品类的需求是增长还是萎缩？
- 该品类的进出壁垒各是什么？是否正在发生变化？

地域

- 地域是否足够大，足以支持企业运行？
- 哪个地域的产品需求最大？
- 如果想改变或扩大地域，会如何影响网格的其他元素？

替代者和取代者

- 哪些是你的客户会选择的直接替代者？
- 客户有哪些可取代你的对手？这些对手是否越来越值得担心？
- 你自己的品类内部是否存在问题？客户是否能够在你提供的产品中快速进行选择？

	希求性	盈利性	长期性
客户	**需求** ● 价值和信念 ● 目标 ● 壁垒	**收入** ● 收入模式 ● 价格 ● 销量（数目和频率）	**客户群** ● 认知度 ● 获取 ● 保留
市场	**竞争对手** ● 品类 ● 地域 ● 替代者和取代者	**议价能力** ● 与客户 ● 与供应商 ● 规则和法规	**可复制性** ● 法律保护 ● 持久优势 ● 竞争者滞后
组织	**产品** ● 主张 ● 客户体验 ● 品牌吸引	**成本** ● 可变成本 ● 固定成本 ● 资本支出	**适应性** ● 现金状况 ● 可扩展性或能力 ● 复杂度和僵化度

第六章

产品：提高功能价值与符号价值

在"需求：让产品有吸引力且实用"一章中，你已经了解了客户本身和他们的需求。在"竞争对手：最小化正面对抗的方法"一章中，我们一起研究了整个竞争格局。现在该把这些观察思考整合在一起，来定义产品了。

每项产品都有三个相互依存的元素：

- **主张**是客户接受的概念——对产品的简单表达，以及为什么是一个好的选择。
- **客户体验**涵盖了你和客户的整个互动过程。
- **品牌吸引**是人们和企业最重要的关联。

这三个元素不可分割。如果企业主张毫无吸引力或品牌不在客户考虑范围内，那么客户体验就无关紧要。如果品牌没有名气，再强大的主张也可能失败。一个伟大的品牌也可能被糟糕的客户体验所摧毁。

你不能对关注哪些元素挑挑拣拣，而且准确判断每一个元素需要多大的关注也非常具有挑战性。人们很容易偏向某一个元素——过分关注品牌而忽略主张，或过分关注主张却在呈现品牌时前后不一致，结果只能是适得其反。理想的产品会把所有三种元素结合在一起。

价值源调色板

幸运的是，每一个成功的品牌、主张和客户互动都绘制在一个相同的价值源调色板上。顺着列表研究时无须时刻追踪，只须思考它们是如何体现在你购买和喜爱的东西上的。如果你有一家企业，当别人提到你的产品的主要吸引力时，你就偷着乐吧。

符号价值

任何表达客户身份的东西——自我形象、价值观、社群或社会地位——都可能是价值的来源。哲学家让·鲍德里亚称之为符号价值，因为其来源于代表自身的符号。[1]

能够传达出某种地位或威望的物品都是该符号价值所追求的。美国运通的黑卡只是一张可以用来支付的塑料卡片（当然还有很多其他的好处），但真正让它充满吸引力的是它的专有性。

功能价值

第二个价值源来自功效，也就是它能让客户实现的目标。[2] 企业通过找到客户的超级目标、潜台词和成功标准来创造该价值，支持客户实现目标（详细内容参见第四章）。

经济卖点

一个品牌、产品或服务的吸引力大部分来自经济因素。它可能便宜、能省钱或是我们觉得会增值的东西，比如收藏品或房子。

我们也会用价格作为质量的参考，或者觉得高价格有吸引力，因为高价能够代表自己的身价。[3] 但经济卖点并不总占上风，通常我们只是寻找自以为物有所值的东西，并且和其他好处相比，我们更关注自己。

质量

高质量是一个巨大的价值源，因为我们认为优质产品可以带来更好的体验。这些产品不太可能坏，也就是说，我们不会看到它们被维修的那一天，也不用浪费时间买别的替代品。那些标榜耐用、长寿、精准、纯粹的产品，或特别杰出的唱片的附加价值总是大于可替代品。[4]

减少工作量

大多数创新会帮助我们事半功倍。从自动驾驶汽车到吸尘器机器人，大多数产品和服务正逐步朝着减少工作量的目标发展。[5] 任何一个更为方便、快捷、易用、易运输、能代替人类做事或减少等待时间的产品，都从减少工作量这一目标中产生价值。

亚马逊是一个很好的例子，亚马逊对减少工作量这一目标投入了极大的关注，并且为客户创造出辉煌的价值。"一键下单"功能，Dash 按钮，当日送达，这些创新的核心都旨在减少工作量。轻松不费力已经不仅仅是亚马逊体验的一个特点，而是已经成为公司的主张和品牌的关键支柱，这一点在他们所有的业务中体现得都很明显，这使得他们的产品和服务令人敬畏。

减压

我们喜欢可以追踪包裹的快递服务，喜欢可以通知我们消息已读的通信软件，因为我们讨厌不确定性，更具体地说，我们讨厌不确定性带来的压力。提供及时反馈的产品能够创造价值，因为它们帮助人们减压。类似地，那些可以防止我们犯错，或使用起来更安全的服务，可以对抗其他压力源，并因此创造价值。另一个常见的压力源是感觉任务超出了自身能力，那些可以让我们变得更强的产品，不论是提高我们的技能水平还是降低技能门槛，也具有非常高的价值。[6]

感官愉悦

产品的气味、味道、外观或声音，以及触感，都可能是巨大的价值源。[7] 苹果公司是一个很好的例子。无论是最早的 iPod 的滚轮式操作屏，iPhone 的触摸式界面还是其精美的包装，苹果产品的感官体验都是其吸引力的重要部分，苹果品牌印象也和精益求精的设计联系起来。

社交愉悦

我们通过社交互动彼此相连，不然我们会疯掉。[8]那些让我们和别人联系并互动的产品，或可以给我们一种归属感的产品，拥有巨大价值。我们也更有可能从朋友那里购买产品，而不是一个陌生人。可以和客户建立个人良好关系的员工会为产品增添巨大的价值。

同理，被他人认可的产品也往往更有吸引力，人群是最能吸引人群的力量。我们根据评论或推荐来寻找一个产品或服务"优秀"的社会证明。通过推荐、证明和媒体报道来建立产品信誉是市场营销人员重要的手段。[9]

掌控感

自己掌控的感觉是最强大的动力——我们都想拥有一切尽在掌握中的感觉。[10]给予客户更大的掌控自由，让客户决定何时何地与你互动（多渠道零售商），自己决定产品的模样（熊熊梦工厂）或者花多少钱（网飞），这样可以增加希求性。反之亦然，电池寿命短的产品会引起我们的反感，因为我们对使用该产品的时间控制减少了。

情感诉求

最后，一个产品的价值往往取决于它给我们的感觉。放松的按摩、跳伞的刺激感或达成目标的成就感都表明积极的情感反应是如何创造价值的。请记得，减少负面情绪——愤怒、挫败、恐惧或内疚（如儿时偷拿饼干时）——也会带来巨大的不同。

我们将在讲解每个产品的三种元素时来看这些价值源是如何运作的。

主张

任何成功企业的基石都是一个强大的产品或服务主张。如果人们不想买我们卖的东西，这会是一个根本问题，但是我们如何知道自己能否成功呢？

在《跨越鸿沟》(*Crossing the Chasm*)一书中，作者杰弗里·摩尔建议用一个简单的结构来捕捉我们的定位。[11] 为了符合网格的表达，我稍微做了一点调整。可能这种方法不会告诉你该如何销售产品或服务，但却为找到真正的主张指明了方向。

对于——目标客户

想要——目标

我们的产品或服务是这样——品类

不像——替代者

而是提供——竞争优势

举例说明：

对于经济条件较好的旅客，想要一些私密空间，NetJets 是这样一家航空公司：不像别的公司那样直接拥有一架飞机，而是提供了自由度和灵活性，在拥有飞机的同时，享有更少的麻烦和成本。

对于腊肠犬爱好者，想要表达对该种狗狗的喜爱，devotedtodachshunds.co.uk 是这样一个在线网站：不像亚马逊那样一应俱全，而是专门卖腊肠犬主题产品，让客户很容易找到自己喜欢的配套产品。

如果已经精读过"深潜"的前两章，你应该已经对这个结构的第一部分感到熟悉，现在你应该设法明确你让客户信服的理由是什么。

比如，你可能决定，你提供的好处之一是减少工作量，因为你提供的是一项减少等待时间的快速服务；另一个可能是你提供的服务比竞争对手更可靠或准确。选项很多，让我们看看如何缩小选择范围。

优势必须和客户相关

开发和客户无关的功能，或为已经足够优秀的产品画蛇添足，都会导致客户的无视和冷落。若要加强方案，需要找到现有产品的不足，包括客户在意的，以及有待加强的。

佳能和尼康多年来一直是数码单反市场的佼佼者，它们每一次投入市场的新版本，都多了一些改进。然而任何拥有相机的人都知道，这些相机往往都摆在家里，因为带出去太不方便了——需要付出更多的力气。

而当佳能和尼康陷入无止境的"军备竞赛"时，其他的制造商开始利用先进的技术，生产体积更小、画质相对可以接受的相机。这些"无反光镜"相机的销售额逐步攀升，而单反相机的销售额却不断下降。无反光镜相机市场的领军者是索尼、奥林巴斯和富士。[12] 直至本书写作之时，佳能和尼康仍未进入该市场。

主张应该独一无二

如果组合优势和竞争对手相似——尤其在对手已经主导市场的情况下——则成功的可能性不高。强有力的主张一定是独一无二的。

一个很好的例子是谷歌的安卓操作系统，其主要的竞争对手苹果提供的是一个封闭而专有的高价产品。安卓提供了免费的开源产品，和 Apple 相比功能也大体相同，因此具有明显的优势。而谷歌苦苦挣扎的社交媒体产品——Google Plus 的优势则不够鲜明，不足以从脸书那里吸引客户，因此遭遇失败。[13]

必要时主张必须超越对手和行业规范

如果改进不能对现有功能实现明显的提升，那就不要去做。优势建立在比较优势，而不是绝对优势。如果和对手或行业规范的对比不够显著，就无法期待客户选择你的产品。[14]

特斯拉在这点上做得非常好，在它的领域里胜过任何对手：不断增加的自动驾驶功能、零废气排放、美国市场上测试结果最安全的汽车，以及更低的维护和燃料成本。所有这些都追溯到我们之前提到的价值源问题。[15]

优势必须集中

大多数成功方案的另一个根本原因是集中。产品并非对所有人都是万能的,也没办法在所有方面碾压对手。一个产品或品牌要想成功,就必须做到当有特定需要出现时,它能迅速成为最明显的选项。而如果优势过于分散就很难做到这一点,所以应该时刻把注意力集中在少数几项优势上。

最后的忠告

如果主张无法满足摩尔定律,或团队无法就一个版本达成一致,或客户不接受产品,请投入所有的能量先解决这些问题。必须在担心做的事情是否正确之前,先确保做的事是正确的——这是下一章节的主题。

客户体验

1996年,心理学家丹尼尔·卡尼曼和同事唐·瑞德梅尔的发现本应彻底改变我们对客户满意度的看法,但时至今日也没有实现。

他们的实验很简单。在肠镜检查过程中,病人被要求说明他们每分钟的疼痛程度,结束后还要对整体疼痛感进行评分,得分为0~10分。

这两位心理学家希望得出的结果是检查过程的时间长度以及病人评分总和,但是他们发现,最终评分反映的是病人体验过程中最高级别的疼痛强度——峰值,以及最后时刻的强度——终点值。这一现象就是著名的"峰终定律"(Peak-end rule)。该定律还得到了无数其他实验的佐证。[16]

卡尼曼用我们的两种自我——体验自我（experiencing self）和记忆自我（remembering self）的差异来解释这一现象。[17] 在峰终定律的影响下，体验自我回答整个过程中的问题，记忆自我则根据记忆给出最终评估。

该定律对每个企业都有着深远的影响，因为它揭示出客户满意度并不能准确反映客户的真实体验。客户满意度反映的是客户所记得的体验，这两者完全不是一回事。

如果想要提升满意度，则需要创造一个更好的关于体验的记忆点。那么什么可以使体验互动更加难忘？

记忆和容忍区

市场营销教授伦纳德·贝利及其同事发现，作为客户的我们，对所有互动有两个层次的期望：合格型，即可以接受的服务；以及理想型，即希望获得的服务。在这两点之间的灰色区域即为容忍区，在容忍区内客户是满意的，但也感觉平淡无奇。[18]

容忍区内的互动程度对满意度影响不大，因为我们都不太记得住。在容忍区外的互动——合格线以下以及理想线以上——才会留在记忆里，因为是预料之外的。这些预料之外的互动最能决定我们的满意度。

如果想改变客户对体验的看法，只需考虑那些合格线以下理想线以上的体验。在容忍区内的无足轻重的动作（哪怕是有轻微改善），不会产生值得注意的差异。

去年我应邀出席在一家豪华酒店举办的会议。酒店的房间很好，工作人员很有礼貌，健身房设备齐全——以该酒店的名声，这些都在容忍区内。然而，当我退房时发生了两件事。第一件，我发现自己的行李被留在大门外，无人照管。然后，我不得不自己把行李搬上出租车，而酒店里的工作人员自顾自地开玩笑聊天。

这两件在合格线以下的事——我的期望值原本要高得多——抹杀了所有其他体验，尤其是这两件事是发生在退房时。它们主宰了我对整个住宿过程的记忆。我们都知道，良好的第一印象有多重要，但在现实中，最后印象也许更为重要。

这种影响是可怕的，但同时也有一个巨大的机遇。大多数寻求改善客户体验的组织都致力于重新设计整个客户旅程，因为它们认为每一个互动都具有同等分量。这通常会耗费巨资、经年累月，对客户满意度的影响却很小，因为这么做并没有创造出更好的关于体验的回忆。此外，在推出这些改进所需的时间里，客户预期已经上升，组织付出所有努力后不得不重新回到原点。

也可以这样思考：假设你已经改进了客户体验，但却发现满意度反而下降了，那是因为所有的互动都被均匀分配在容忍区内——根本没什么值得记忆的体验。

因此，重要的不是在每一个体验里都要求满意度，而是——用更少的时间、更低的成本——把注意力放在关键的互动上。

首先，必须确保任何旅程的最后部分以高分结束——超出理想线的积极峰值，因为这具有远高于比例的影响力。最后时刻的任何互动都充满机遇。

接下来,需要消除所有低谷——合格线以下的互动。这将阻止客户对体验有任何负面回忆。

最后,应该通过加入一些比客户通常预期更好的互动,来不时创造积极峰值。甚至可以创造一组"记忆创造者",即在体验中随机为客户带来喜悦或强化品牌信息的互动。

将该方法付诸实践,首先需要将互动的全部范围和客户做出对应,在体验的每个阶段,确定你认为客户可能认为合格和理想的服务。有多种方法可以实现:通过与客户的面谈,观察客户如何使用产品或服务,直接反馈(投入和评论),比较你的服务如何挑战专有领域规则,等等。大部分时间里,只需简单问出最正确的问题——你认为什么是合格型?什么是理想型?——就会得到所有需要知道的答案。

接下来,将现有的表现映射到一张图中,让你一眼就能清楚地看到你在什么地方没有达到或超过了预期,或者在容忍区的范围内。一个五阶段的体验旅程看起来如下图所示:

	第一阶段	第二阶段	第三阶段	第四阶段	第五阶段
记忆深刻 (积极)	理想型服务	理想型服务	理想型服务	理想型服务	理想型服务
易忘记的 互动	容忍区	容忍区 ●	容忍区 ●	容忍区 ●	容忍区
	合格型服务	合格型服务	合格型服务	合格型服务	合格型服务
记忆深刻 (负面)	●			●	

网格决策　　118

上图为体验旅程各个阶段叠加的客户互动。其中存在两个消极峰值，分别处于第一阶段和第五阶段。其他互动都在容忍区内，所以很容易被遗忘。

在这个特定的例子中，第一个和最后一个阶段都在合格线以下，而缺乏影响力的中间部分位于容忍区。因此，最显而易见的第一步是将第五阶段变为积极峰值。接下来，第一阶段需要上升到容忍区内，所以客户不会对实际上负面的部分留下记忆。如果可以在中间某处创造一个正峰值，应该也不错，比如在第三阶段。

当你已经决定需要注意哪些互动时，还要决定如何改进它们。

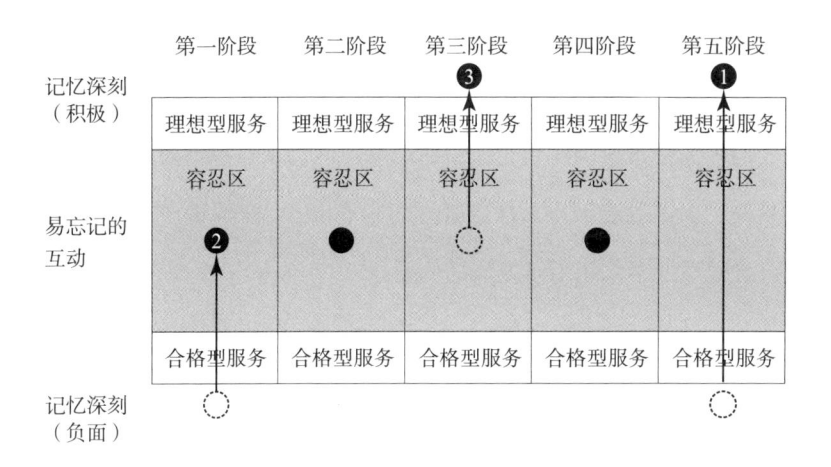

	第一阶段	第二阶段	第三阶段	第四阶段	第五阶段
记忆深刻（积极）	理想型服务	理想型服务	理想型服务	理想型服务	理想型服务
易忘记的互动	容忍区	容忍区	容忍区	容忍区	容忍区
记忆深刻（负面）	合格型服务	合格型服务	合格型服务	合格型服务	合格型服务

从上图可以看出，公司在最后阶段创造了一个积极峰值①，这是改善客户体验的逻辑起点。接下来，第一阶段向上移动到容忍区②。最后，在第三阶段创造了一个积极峰值③。虽然大部分客户的总体体验都停留在容忍区，但总体印象是积极的。

设定期望

最具成本效益的解决方案是首先就设置正确的期望值。如果能通过更好的沟通来改进互动，一定要抓住这个机会。客户的大部分失望来自企业的言行不一。

抓住重点

如果期望值管理还不够，下一步是考虑之前讨论过的哪些因素正在起作用：功能是否达到客户需求？是否需要太大的工作量？是否给人带来压力？是否让客户觉得被忽视？确定哪两种或三种因素可以用来改变互动。

请注意，用来改善客户体验的因素不是非要和产品优势一致。即使人们因为精致耐用而购买了你的产品，你仍然有必要通过让产品变得易用、雇用更善于与人打交道的员工等方法，来改进产品的订购流程。这里有三个采用了该方法的例子。

示例1：甜蜜的结局

我妻子和我最近一起看了场电影。影院设备如所期望的——舒适的座椅、大屏幕和很棒的音效。当我们离开时，突然出现了一个惊喜，一名工作人员向大家分发糖果说感谢大家的到来。这个出人意料的互动（在体验结束时发生得刚刚好）对客户满意度的影响，也许远超过任何昂贵的升级影院设施的举措。

示例 2：出人意料的感谢

在某个场合发言后的一周左右，我通常都会给主办单位或客户送去一个小礼物表达感谢——也许只是一张明信片。这个简单的动作总是出人意料，并且在最有效果的时间——结束之时——创造出一个积极峰值。你会惊讶地发现，这么小的事情会带来重新预约、推荐和持续的机会，只是因为人们因此记住了你。

示例 3：严肃的趣味

2009 年，新西兰航空公司把他们旅途中的一个沉闷阶段——播放安全演示视频——变成了一个出人意料的愉快体验。公司拍摄了全新的不同凡响的"欢乐真情"安全演示视频——作为系列视频的第一部，其后续系列轰动一时，已经累计超过 8300 万在线观看次数。[19]

这些有趣的视频会留在人的记忆里，不仅提高了人们对重要安全信息的参与度，更大大提高了客户满意度。当我们回忆自己的飞行体验时——大部分都是睡觉或看电影——安全演示视频根本不在记忆范围内。新西兰航空公司可谓出奇制胜，连续四年（2014—2017）荣获 Airlineratings 网站年度最佳航空公司的称号。[20]

让我用一个例子结束本讨论部分，这个例子将所有到目前为止讲到的内容都联系在了一起。

案例研究：达美乐比萨

达美乐的主张结合了两大因素：工作量——顾客想要打包带走或

让商家送货上门，而不是自己动手做；以及感官印象——比萨的味道应该不错。

回到 2009 年，达美乐的日子并不好过。员工们曾经在网上上传了一则视频，视频中他们大量浪费食物，而并不美味的比萨也在让他们不断失去客户。[21] 企业主张在理论上非常明确，但在现实中却偏离得很远。当时新上任的 CEO 帕特里克·多伊尔是如何扭转乾坤的呢？

首先，达美乐改进了自己的配方，直到它开始在各大口味测试比赛中击败直接对手棒约翰和必胜客。[22] 这强化了一个关键的立足点。接下来，公司开始致力于改进另一个卖点：购买轻松。送货速度快已经是公司的招牌，所以他们把注意力转到另一个阶段：订货流程。

这个关注点在达美乐的"AnyWare"战略当中体现得淋漓尽致，顾客可以用各种轻松的方式订购比萨。可以通过给达美乐发送比萨的表情包；可以用一个名为"零点击"（zero click）的应用程序，该程序在打开 10 秒后自动下单；或者通过一个名为"Dom"的小程序语音下单，该小程序是一个嵌入达美乐官方应用的虚拟助理。[23] 另一个创新产品是比萨追踪系统，该应用设定并满足了顾客预期，顾客可以追踪比萨的进展——从准备、烹调、质量检查到送货，这样顾客在等待比萨的过程中，可以降低不确定性带来的压力。[24] 有一点要明确：知道比萨正在炉子里加工这件事本身没什么乐趣，它能成为一个积极峰值是因为追踪是在预期之外。

结果自然不言而喻。达美乐公司已经连续 8 个季度达到双位数的销售增长。如今美国每 5 份售出的比萨就有一份是达美乐。自 2012

年以来，公司股价已经上升了1200%。[25]

来对比一个我最近亲身经历的不好的体验。我在网上找到一个木制装饰品商店，决定买一个装饰品送人。然而当我在网上下完单支付完毕后，并未收到确认邮件。几分钟后，仍然没有邮件。完全没有邮件，让我怀疑是否购买成功了。

我购买的装饰品还是寄到了，但当我打开包装盒时，里面充满了包装泡沫，而我的宠物们有一个怪癖，它们会把所有东西扑撒在地上，然后我不得不在一堆东西中摸索礼物和发票，然后把一地垃圾装在垃圾袋里丢掉，而这些泡沫无法回收。

这个消极的购物体验涉及三个元素：

- 压力——我不知道下单是否成功的不确定性。
- 工作量——打扫包装材料。
- 情感——不可回收的包装让我有愧疚感。

这个例子也许微不足道，但它说明了这样一个道理，不论是豪华酒店、比萨、航空公司还是木制装饰品，基本的价值源都是一样的。

品牌吸引

当看到以下三个品牌时，浮现在你脑海中的词是什么？
壳牌

麦当劳

劳力士

就我而言，我会把壳牌和石油、钻井和北极联系起来；把麦当劳和汉堡、垃圾食品以及黄色联系起来；把劳力士和手表、瑞士以及奢侈品联系起来。

Brandtags.com 网站将这个游戏带入了另一个层次。该网站介绍它为"品牌感知的收集实验"。它会为受访者展示一个商标，然后让受访者写出第一个跃入脑中的词，作为该商标的标签。该网站已经收集了超过 170 个标签，涵盖数百个品牌。相关联的词越多，标签的文本就越大。

雪佛龙最突出的三个标签是：天然气、石油和邪恶。阿斯顿·马丁的三个标签是：詹姆斯、邦德和汽车。[26]

这个网站揭示了一些关于品牌运作的简单真理。第一，品牌只是相关人员和一家企业的关联的集合。第二，这些关联有两种形态：由内向外——通过营销和沟通；以及由外向内——通过客户的真实世界体验和口碑传播。

阿斯顿·马丁的主要关联是由内向外的，和 007 系列电影的联系是企业的战略决策。雪佛龙和邪恶的关联，则不是企业官方想要表达的。同样，我也深深怀疑，美国邮政局的头号关联词语——慢——也不是他们的本意。

这些品牌关联地图可以直接映射到我在上一章所讨论的"品类"一节。

- 许多关联词和**符号**价值相关，它们描述了品牌相关的社会群体、行为标准或者形象，比如瑞士、邪恶、专有或酷。
- 有些关联词描述了某个品类或产品的**功能**或相近关系，如飞机、银行或汽车。
- 许多关联词反映了**质量**或**经济价值**：垃圾、结实、昂贵或便宜。
- 剩下的关联词描述了**体验**元素：麻烦、友好、舒适或令人兴奋。

建立有吸引力的品牌的第一步是，从本章开头所描述的价值源中，选择一个独特的关联集合，并积极推广。无须每一个品类都进行关联，只用两三个即可。

例如 Lush 化妆品的关联点是，强烈的品牌理念和同样强烈味道的商店。美国汽车保险公司 GEICO 的关联点是一个品类（汽车保险）、一个经济卖点（便宜）以及一个体验（方便），如其标语所说："15 分钟可以为您节省 15% 以上的保险费。"[27] 这些关联点越清楚、表达得越持之以恒，效果越好。

决定关联点之后，必须确保每一个主张和客户体验（统称决策）都要强调这些关联点，而不是削弱。品牌形象和现实有差距或与现实不符都会付出代价，如下面的例子。

案例研究 1：臭名昭著的巧克力

2006 年，按照里克·马斯特和迈克尔·马斯特两兄弟的说法，他们有一天在布鲁克林的公寓里突发奇想，从原料开始自己动手制作巧克力，然后在一个当地的跳蚤市场出售。[28] 时光一晃到今天，两兄弟正在经营一个小小的精品帝国，每一块巧克力的售价为 10 美元。

从一开始，美食博主斯科特·克雷格就对这个故事表示怀疑，在一篇揭露文章里，他指出兄弟俩的巧克力光滑的表面带有明显的工业化巧克力特征，[29] 而且包装上也没有列出成分表——通常这可是一个Bean to bar（从可可豆到巧克力棒）巧克力制造商引以为傲的亮点。[30]

终于真相大白，最开始的时候，马斯特兄弟用的方法是把一种叫作"Valrhona"的商业巧克力融化掉。[31] 他们建立了一个成功的企业，只可惜是建立在欺骗的基础之上。哥哥里克甚至告诉《名利场》："我可以肯定，我们做的是世界上最好的巧克力。"[32]

该丑闻爆发几年前，两兄弟就已经开始改用真正的可可豆来生产巧克力了，但这并没有减轻丑闻带来的影响。一些零售商的销售报告称，在 2015 年圣诞大促期间，两兄弟的巧克力销售量下降了 65%。[33]

这场喧嚣和产品的口味已经毫无关联——虽然口味对于巧克力来说是最重要的。客户最终关心的是品牌形象是否和现实相匹配。

案例研究 2：赋予用户激情的 Beats by Dre 耳机

短短四年的时间内，耳机和音箱品牌 Beats by Dre 在美国目标市场的占有率达到了 64%。[34] 并被苹果公司以 30 亿美元的价格收购。[35] 这是一个惊人的成绩。

他们的成功来自创造了无与伦比的符号价值——一个反映了目标客户的激情和身份的品牌形象。Dr.Dre（德瑞博士，嘻哈明星，Beats

公司 CEO）、篮球传奇勒布朗·詹姆斯、网球明星小威廉姆斯以及其他许多流行的文化代表人物都戴着该公司的辨识度极高的耳机，他们的粉丝也纷纷效仿。但是这种成功是否能够持续？尽管价格不菲，但 Beats 公司似乎正在建立质量低劣的坏名声。

苹果公司的网站这样描述其中一款入耳式耳机："如铁丝一样硬。不论是小心保存还是随便从包里拿进拿出，都不用担心它们会弄坏或有磨损。"[36]

截至本书写作之时，同样的页面下有 15 条客户评论，其中 12 条都给了一颗星。该款耳机被描述为"垃圾……废品……质量太差了……可以直接扔了"以及"根本不值这个价"。[37] 显然，品牌形象和现实完全不符。这个价格人们期待更高的质量。

任何品牌只要做到表里如一，其吸引力都会得到增强。[38] 而这种一致性很大程度上来自对品牌、主张和客户体验的精细管理，使这些方面彼此加强而不是彼此破坏。品牌现实必须符合品牌形象，这里有一个非常好的正面例子。

案例研究 3：巴塔哥尼亚的修补服务

我是户外品牌巴塔哥尼亚的粉丝。它的经营理念、环保意识和高质量的产品都非常吸引我。我的第一件冲浪服就是巴塔哥尼亚牌的，尽管价格相对高昂，但我觉得十分值——除了品牌效应外，产品本身经过精心设计和制作，耐用、舒适、包换并且有强大的后盾——得到客户青睐的理由非常充分。

四年后,我的那件饱经风霜的冲浪服裤脚撕裂了几个洞,我把它带去当地的巴塔哥尼亚专卖店修补。

一位面带微笑的助手让我留下住址,并表示剩下的都由他们来处理。她谢谢我能把冲浪服带来,并表示很高兴衣服得其所用。修补可能要 30 天,但应该会更快一些,所有服务都是免费的。

两周后,一个盒子寄到我的家中,里面就是我的那件冲浪服(看上去像新的一样),还有一本表达感谢的《冲浪者》杂志(本身定价为 16.95 美元)。我非常感动,也很开心。

在这个例子里,可以看到巴塔哥尼亚的主张、客户体验和品牌形象都是相辅相成、彼此加强的。

该公司的使命宣言中有这样两句话:"打造最优秀的产品——可持续使用多年的高质量成衣和设备",以及"杜绝不必要的伤害——减少不利的社会和环境影响"。[39]

冲浪服本身和修补服务都证明了该使命宣言——高质量、使用寿命长的产品证明了前一句;修补比买一件新的衣服造成的环境伤害更少。这正好证明了后一句。品牌与其主张完全契合。

为了鼓励我们修补而不是更换产品,他们的主张让任何人都会毫不犹豫地接受:免费、快速,并且让你感觉自己为地球做了一点贡献——这些都是牢不可破的优势。

服务人员也非常认真地处理我的期望,让整个体验非常愉快。当修补好的冲浪服提早寄到时,我很开心;打开包裹时看到免费杂志是一个意想不到的惊喜;而我会忍不住告诉我的朋友们(尤其是冲浪爱好者）这一切。不难猜到他们下一件冲浪服会买什么牌子吧？这家企业的品牌现实完美地符合其客户体验。

关键问题

主张

- 现存对手有哪些方面可以借鉴？目标客户会在乎吗？
- 优势组合能否充分展示自己的与众不同？
- 哪些方面可以超越行业规范？哪些方面可以胜过对手？

客户体验

- 客户体验过程的最后是否达到积极峰值？
- 设定更好的期望值如何能改善客户满意度？
- 如果客户负责企业一天，他们会改变什么事？

品牌吸引

- 你希望人们对你的品牌有什么联想？他们已经有了哪些联想？
- 你是否始终如一地表达品牌价值？
- 品牌形象和现实之间还有哪些差距？

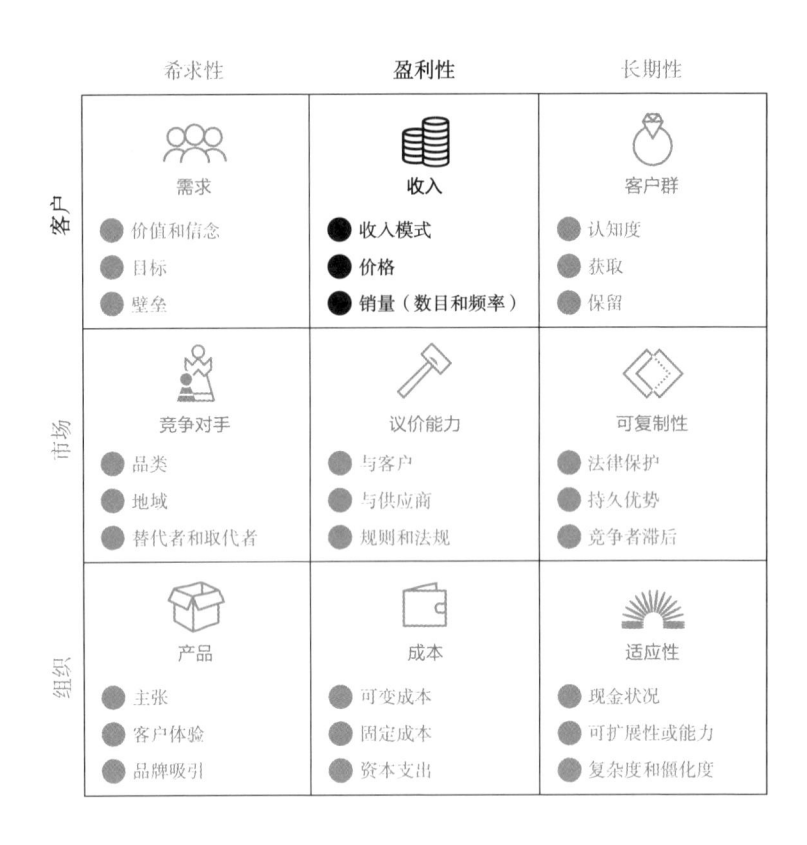

	希求性	盈利性	长期性
客户	**需求** ● 价值和信念 ● 目标 ● 壁垒	**收入** ● 收入模式 ● 价格 ● 销量（数目和频率）	**客户群** ● 认知度 ● 获取 ● 保留
市场	**竞争对手** ● 品类 ● 地域 ● 替代者和取代者	**议价能力** ● 与客户 ● 与供应商 ● 规则和法规	**可复制性** ● 法律保护 ● 持久优势 ● 竞争者滞后
组织	**产品** ● 主张 ● 客户体验 ● 品牌吸引	**成本** ● 可变成本 ● 固定成本 ● 资本支出	**适应性** ● 现金状况 ● 可扩展性或能力 ● 复杂度和僵化度

第七章

收入：如何专注做利润高的产品

每一个企业终归要有盈利才能生存。为了产生盈利，收入必须超过成本。了解这个应该不太可能赢得诺贝尔经济学奖，但令人惊讶的事实是，收入——利润等式的一半——却常常处在管理不善的状态。许多企业未能最大化收入源，或者收入虽然增加了但利润却缩水了。

许多企业——甚至跨国公司——根本没有可识别的定价策略。不仅如此，它们会根据自己的成本妄自猜测该定什么价才不亏本，并且从未尝试检查一下是否拿到了全部该拿的钱。大部分企业根本没意识到即使一个微小的价格变化也可以对利润造成极大的影响。

为了增加销售量，大部分企业要么加大广告投入，要么大幅降价，而没有真正考虑是否存在另一种更有效的方法。事实上还真有。

收入模式

如果让你快速说出卓有远见的企业家榜单，通常嘻哈团体武当帮（Wu-Tang Clan）不会榜上有名。但是他们应该在榜上，因为他们最近的收入模式实验实在令人拍案叫绝。

该团体并没有拿线上音乐播放的微薄版税，而是拿出新专辑《少林》里的一首歌《少林往事》进行拍卖，此举引起不少争议和讨论。这一首单曲最后被同样争议不断的生物科技公司 CEO 马丁·什克雷利以 200 万美元的价格拍下。[1] 这个例子告诉我们，改变收入模式可以彻底颠覆盈利潜力。

收入来源和收入机制

收入模式有两个组成部分：一个是收入来源，另一个是收入机制——客户付费的方式：固定价格，按时间付费，等等。

在这个阶段确定收入来源并不难：在网格的第一个方格客户"需求"中就可以总结出来。而收入机制则有多重选择。

拍卖

拍卖对于买卖双方都有利——它让买家更能控制自己的花费，让卖家得到充分的回报。它的反面是：内在的不确定性，供求不一致，参与的过程很麻烦。

固定价格

固定价格——和所有"吃到饱"自助餐或无限流量包一样——为客户提供了非常清晰的服务。这种企业面临的挑战是：执行这种方案的同时如何保证盈利，并匹配保障措施，以防止滥用。

随用付

对大多数人来说，用多少付多少似乎非常合乎逻辑，也适合大多数场景，从按斤购买奶酪到按流量付通信费，甚至适用于飞机发动机。

1962 年，罗尔斯·罗伊斯引进了"小时动力"概念，客户按照飞行小时数支付发动机和维护费用。[2] 这带给客户极大的便利，客户可以预估开销，减少设备的押金，同时这也激励制造商制造出最可靠的产品。

云计算服务，如亚马逊 Web 服务或赛富时的云计算服务也是采取"随用随付"的模式，允许客户根据需求进行上下限的调整，而无须拥有任何物理配件，这已成为云计算产业的主要卖点。

版权

出售知识产权的企业通常通过版税来获得报酬，这在作家、音乐家和艺术家中比较常见，但也有更漂亮的非常规的赚钱方法，比如 ARM 公司，只设计计算机芯片，但不生产，每一片芯片出售都要为 ARM 支付版税。90% 以上的智能手机和平板电脑都使用了 ARM 设计的芯片。[3]

基于性能

没有任何企业能够在基于性能支付方面超越谷歌公司，其"点击付费"模式是神来之笔。传统的广告媒体模式是，不论人们看没看到，都要支付广告费用，而谷歌则不一样，它的 Adwords 广告是当有访问者通过网站点击广告时，广告商才支付费用。另一个例子是专打人身伤害官司的律师采用的"不胜诉不收费"模式。

剃须刀和刀片

在这个模式中，产品的关键部分要么免费赠送，要么以低价出售（剃须刀手柄），而利润来自昂贵的消耗品（刀片）。一个常见的例子是喷墨打印机，利润都是通过销售高价格的墨盒产生，而不是打印机本身，这个模式是由惠普公司在 1984 年开创的。[4]

订阅

过去几年来，订阅模式蓬勃发展，客户可以从服务的可预知性和简便的付费流程中受益，而服务提供者也有持续的收入流。订阅企业的成功典范包括一美元剃须俱乐部（Dollar Shave Club）、多宝箱（Dropbox）和网飞。

收入模式和产品

尽管任何物种都可以在合理条件下适应周边环境，但没有哪个物种可以超越其基因组成或基本形态。犀牛不能飞，山羊不能在水下呼吸。同样，因为收入模式已经成为企业基因的一部分，它决定了企业的许多基本特征（尤其是产品相关），并且很难改变。

拍卖通常更有压力，但可能物超所值。订阅很方便，但客户可能会付钱给自己从未使用过的产品。固定价格让客户可预测成本，但也许会让客户失去一定的自主控制。以上种种收入模式决定了客户体验和企业主张的基本特征，也会对品牌产生影响。

博柏利的历史为我们提供了一个令人信服的例子。在20世纪八九十年代，许多时尚品牌都将授权视为一种双赢。通过授权给外国运营商，可以快速扩展销售地域，而无须建立分销渠道和学习当地市场文化。缺点是，获得授权的企业会自主创造自以为适应当地市场的产品，而不管这些产品是否与品牌价格一致。

2006年，安吉拉·阿伦兹接管博柏利CEO一职，她很快意识到，公司的授权政策已经对品牌产生破坏。全球范围内，博柏利已经和23家企业建立合作关系，允许这些企业生产从短裙到遛狗绳等一切和博柏利相关的产品。博柏利对这些企业生产什么样的产品以及价格完全无法控制。标志性的博柏利风衣在不同市场上的价格也大相径庭。总结起来，品牌被过度曝光，产品品类更是失控。[5]

阿伦兹得出结论，博柏利问题的根源在于公司的收入模式，所以她做出一个勇敢的举动，买回了所有23家公司的授权。她说："我感觉自己刚开始工作的几年都在忙着把公司买回来——这并不是什么特别有趣或有创造性的任务，但是我们不得不这样做。"[6]

随着品牌和产品系列的控制权集中在"品牌沙皇"克里斯托

弗·贝利（现任 CEO）手中，她把业务重心又重新放在核心经典产品上。六年以后，博柏利的年销售额和股价都翻了一番。[7]

从这个故事中可以学到两个重要的教训。第一，我们应该根据如何能让产品更吸引人而选择收入模式，而不是随便开始一个模式，然后把产品套在里面。第二，每一个模式都可以产生一定的价值。随着需求和技术的变化，最适合将这些机遇货币化的模式很可能也会改变。

这就解释了为什么当前许多高增长的企业——爱彼迎、ARM 以及 Spotify 等——采用的收入模式和它们的老对手如此不同。对每一个企业来说，收入模式不仅是让产品更吸引人的基础，更是能让自己和对手区分开来的方式。

收入模式和可复制性

收入模式构成了组织的核心，一旦形成，就很难改变。因此收入模式的选择和别人是否可以清晰模仿你，这两者之间有着强大的关联。

如果企业必须改变其收入模式以保持竞争力，管理层必须得重洗大脑，对过去的世界的运作方式进行重新思考，这将会带来无止境的拖延、喧嚣和费用。因此公司改变收入模式时是极不情愿的。这意味着如果你是个聪明的新人，可以搭个顺风车（参考第十一章）。

遗憾的是，这是一把双刃剑。有一天你自己的收入模式也会成为短板，并且和其他人一样，你会发现很难做出改变。关键是要积极地检查自己的收入模式是否约束了产品，如果是，一定要鼓起所有勇气改变它。自行决断跳入一个新的模式，远远胜过被对手推进去。

价格

一旦确立了收入模式,请务必注意定价。为产品或服务设定合适的价格是最大化利润的最有效的方法,相对微小的变化通常会产生巨大的影响。麦肯锡的一项针对标普全球 1200 家公司的研究表明,假设需求保持不变,1% 的价格增幅将带来 11% 的利润增长。[8]

为什么定价会对利润有着如此大的影响,我们来用下面一个简化的例子做出解释。

假设你经营的是一家销售香薰蜡烛的企业。每支蜡烛售价 10 美元,成本为 8 美元。也就是说每支蜡烛的利润是 2 美元,如果每年卖出 100 万支蜡烛,则会获得 200 万美元的利润。

来看一下价格或销售额改变 4%,利润的变化分别为多少。如下表所示,价格每上涨 4%(每支蜡烛上涨 40 美分),利润增加 40 万美元;而销售额上涨 4%,利润增长则少得多:只增长 8 万美元。

	原价	价格增加 4%	销售额增加 4%（单位：美元）
每支蜡烛价格	10.00	10.40	10.00
每支蜡烛成本	8.00	8.00	8.00
单位利润	2.00	2.40	2.00
销售额	1 000 000	1 000 000	1 040 000
利润总额	2 000 000	2 400 000	2 080 000

差异的原因很简单。当销售额增加时，每一支多卖的蜡烛都要承担成本。而提高价格时，成本是不变的。提高价格更有效率，因为对每支蜡烛的利润率有着不成比例的影响。

当然，这是个被简化的例子。此外，价格变化也会影响销售额。但是基本论点是不变的：首先，价格对于利润有着巨大的杠杆作用；其次，微小的价格差异会产生巨大的影响；最后，微小的降价所带来的利润损失可能会是一场大地震。

自1972年被伯克希尔-哈撒韦公司收购后，时思糖果（See's Candies）每年提价约5%，考虑到成本增加，这意味着它的利润率每年稳步增长一个百分点。

这些收益不断积累。1972年，该公司税前利润额为400万美元。35年后，这个数字变成8200万美元，而销售额并没有太明显的增加。这35年来，哈撒韦公司当初的2500万美元的投资带来了13.5亿美元的收益。[9]

看到这样的结果，你也许会认为企业都非常重视价格的制定，然而令人难以置信的是，实际并非如此，企业更看重的往往是成本控制和扩大市场占有率。

对于那些愿意投入精力做好定价的企业来说，这是一个巨大的机会，本书将帮助你在这条路上起步。你不会成为一个价格大师——这个主题其实非常广泛和深入——但有一些所有企业都应该明白的基本原则。

基于价值的价格

所有价格权威人士都认为价格必须反映出产品的价值,也就是客户愿意付出的代价。然而,许多企业却喜欢根据成本来设定价格,通常是在成本的基础上加上一个固定的百分比或定额。

这毫无意义,原因很简单:客户通常不了解也不关心成本是多少,他们在乎的是产品展现出来的价值。如果成本高昂,在成本上做加法可能会导致价格过高;而如果成本低廉,又会导致价格过低;而整个过程都忽略了客户愿意支付的价值。[10] 这样定价会给企业造成损失:要么牺牲销售额,要么牺牲利润。

反其道而行之的方法要好得多。当创办新企业或创造新产品时,应该从你认为客户想要支付的价格开始,然后倒推成本,再计算利润。[11]

这是一个关键点:应该从计划生产产品的时候就考虑定价,而不是把产品和服务都创造好了再来想定价,此时往往为时已晚。

定价

如何确定价格应该是多少?定价专家们有许多令人眼花缭乱的研究工具和方法,每一种工具或方法都不尽善尽美,我们永远无法知道客户对价格的真实反应。然而,许多观点值得考虑,每一种都可以助你更接近那个最优价格。

从下一个最佳选择开始

在"竞争对手:最小化正面对抗的方法"一章中,我展示了如何将竞争对手映射到一张市场地图上。这张地图会显示临近的竞争对手的价格点，因此可以提供一个粗略的价格范围。下一步是选择一个具体的对手——客户的下一个最佳选择——作为参照点指导你接近最优价格。[12]

如果你的产品优势明显，或你的品牌代表着高端，可以将这两个因素放入定价决策——可以比对手定价更高。如果你的产品优势明显，但缺乏品牌效应，则可以定一个和中端市场对手相近的价格，这样就可以让你的产品成为客户的首选。如果你的产品在各方面都和竞争对手不相上下，如果一味定出一个高价，是非常愚蠢的做法，尤其是当二者面对面竞争时。

如果竞争对手非常明确，有一种定价方法被定价大师赫尔曼·西蒙称为"神奇的中间"（Magic of the middle）。[13] 这种方法基于一项研究，该研究表明，在客户有直接需求和诸多选择时，往往倾向于从中间选。

测量价格敏感度

价格敏感度是指价格影响客户购买行为的程度。作为一般规则，人们心中预期的是，那些代表着越大的预算或成本的价格，客户越觉得敏感。这就是为什么人们在买房时会非常努力地谈价，而买一支笔时就不会。客户越容易比较价格，对价格也会越敏感。

相反，产品或服务越是重要，买家对价格越是不敏感；如果价格和质量紧密关联，或者和竞争对手很难比较，买家对价格也不甚敏感。

客户如果要选择别的供应商会面临高转换成本,则会选择宁可忍受价格小幅上涨,也不愿经历转换的苦恼。[14]

关于价格敏感度,还有大量更为详尽和强大的技巧,比如联合分析,这是一种理解支付意愿和产品性能组合之间的关系的方法;以及范·韦斯滕多普价格敏感度测量,一种帮助衡量客户对某一特定产品支付意愿的分析方法。

设定正确的期望

泡沫滚筒是一种密集的泡沫圆柱体,可以用于按摩肌肉——我膝盖受伤后对这个产品变得非常熟悉。

来自布鲁克林的私人教练迪力·普鲁顿认为,泡沫滚筒通常都很丑,所以他决定发明一种可以让人放在豪华客厅最显眼的地方的泡沫滚筒。于是他制造出了 Rolpal,一个手工制作的玩意,看上去有点像嵌满硅胶凸起的擀面杖。

最初他的定价为 189 美元,而不是普通滚筒的 30 美元,但是没人当真。随后他听取了妻子的建议,把价格提升到 365 美元,人群开始疯狂:明星和高级健身房开始购买;客户对它的卓越功能极尽溢美之词,声称"没有别的什么工具能(按摩得)这么深"。[15]

如 Rolpal 的例子所示,价格不只是一个数字——它具有象征意义,并帮助表达客户的理念、价值观和自我形象。产品越贵,对某些客户来说越吸引人。毕竟,不会有人大声呼喊:"服务员,给我拿一杯店里第二好的香槟!"

价格也设定了一个预期。明显比对手便宜很多的产品往往会受到质疑，而那些更昂贵的产品往往会被认为质量更好。如果我们把价格比作产品的使者，那么它应该如何表达产品？

准备多种尝试

有那么多需要考虑的因素，并没有一个明确知道客户会如何反应的方法，那就尝试多次调整，找到最优价格。听上去有些冒险，实则不然。

客户通常记不得之前的价格，因此直接和之前的价格做比较很困难。尝试也不需要付出多大成本——互联网是一个很好的测试不同选项的环境，因为在互联网上改动价格几乎不需要成本。

一定程度上的实验不是坏事，而且客户研究是必须要做的——希望潜在收益能够激励你勇于尝试。请记住，企业更倾向于降价，而不是加价——但这很可能会造成不必要的损失。[16]

价格变动

到了某些时刻，也许需要提高或降低价格来适应环境的变化。定价就如同刷牙，不是做一次就够了。定价的黄金法则是，在定价前计算价格变化将如何影响单位利润、成本和总利润额。

为了更明白地说明这一点，我们回到蜡烛的例子，看一看如果每支蜡烛降价 4%，需要多销售多少支蜡烛才能达到目前 200 万美元的利润额。如下表所示，定价 10 美元时，利润是 2 美元，如果降价至

9.60美元，利润大幅度降到1.60美元，跌幅为20%。

	原价	降价4%（单位：美元）
每支蜡烛单价	10.00	9.60
每支蜡烛成本	8.00	8.00
每只蜡烛利润	2.00	1.60

要计算需要多卖出多少支蜡烛才能保证同样的利润，只需将目前的利润总额（200万美元）除以新的单位利润（1.60美元）：

$$200 万 \div 1.60 = 125 万支$$

仅仅降价4%，就需要多销售25万支蜡烛——25%的销售额增幅——才能达到之前的利润总额。如前所述，造成如此大的差别理由很简单——价格的微小变化对利润产生不成比例的影响。单位利润越小，价格变化带来的影响越大。

降价促销对企业来说司空见惯，但如上例所示，为了弥补利润缺口需要增加的销售量可能远远超出预期。不仅如此，打折还有其他一些缺点。

降价促销并不一定会带来需求增加，而只会造成提前消费，之后往往会形成销售低谷。最经典的案例研究是，通用汽车在2005年做出的疯狂决策：他们用员工内部价格在市场上出售汽车，以增加市场份额。他们的计划奏效了，销售量确实得到了提升，但之后立即遭受重挫，剩余价值被摧毁殆尽，通用汽车公司宣布亏损105亿美元。[17]

四年后，公司申请破产。[18]

定期打折会让客户养成只有降价才消费或囤货的习惯。这样也会让某项产品造成永久贬值，以后也很难加价，打折只会在短期内突然吸引客户，竞争对手一出现类似的价格，这种短期吸引力就不复存在。在市场低迷的时候，维持价格而牺牲销售量，往往是更为谨慎的做法。

以下方法可以帮助你避免落入所谓"亏本清仓"的营销陷阱。

清楚地传达价值

为了保护自己不受打折的诱惑，第一步是用一种清晰、坚决和引人瞩目的方式，明确你的产品正在表达自己的价值。有一个非常好的例子来自家具品牌Vitsoe，在临近黑色星期五打折之际，公司在网站上发表了一篇文章，题为"价值的真谛"，摘要如下：

> Vitsoe的产品永不打折，因为我们的价格公正如一……我们的价格忠实地反映了公司的人力成本、供应商和材料成本，加上适当的利润，使我们能够继续进行努力，为所有人继续打造精品。
>
> 我们不会让客户争抢或排队，我们对质量、耐用和服务的承诺为你提供保证，让你在正确的时候做出正确的决定。
>
> 我们的纽约分店将会在2016年11月25日，即黑色星期五当天关闭一日，如果你需要联系我们的设计师，他们会在线下提

供关于桌椅的建议，或为你量身打造储物柜系统——这项服务完全免费。[19]

了解你的产品以及如何团结起来和对手竞争，会增加你坚持价格的信心，并赢得客户的尊重。放下身段降价会在客户脑中形成这样一个期望：总会有打折的时候——这种期望几乎很难再改变。

鼓励利润，而非收入

为了避免亏本打折，应该确保销售人员得到正确的激励。如果销售团队的薪酬来自收入，他们往往会用很大的折扣来赢取订单，而不考虑利润影响。在这种情况下，奖励机制最好面向利润率而不是收入。

不要纠结于市场份额

市场份额总是企业特别关注的对象：更高的市场份额意味着打败了竞争对手。因为许多成功的、高利润的企业正好有着最大的市场份额，因此市场份额总是和成功画上等号。较大的市场份额不是实现卓越表现的原因，而是一个副产品。

衡量市场份额是一项有价值的工作，可以展示竞争格局的变化，但只注重份额会导致自杀性的策略，从而消灭利润。当多个玩家决心以拥有最大的市场份额为目标时，竞争的火焰会蒸发掉所有利润。

除了以网络效应为主的市场（客户越多，产品越有价值），最好专注于创造最吸引人、最有利润的产品，并让市场份额自由发展。

销量

收入等式的最后一部分是销量：客户购买的频率以及数量。本节的大部分内容将致力于扩大业务。但是在开始之前，有一个问题值得思考：品牌会如何限制销量。

销量应该反映品牌和定位。低成本玩家期望自己的产品销量越高越好，但当企业迈向高端市场时，增加销量可能会降低吸引力，尤其是产品以独特性著称的时候。

对于那些站在市场顶端的企业，一个行之有效的增加销量却不稀释吸引力的方法是发布特别版或限量版，这些特别版往往价格更高。[20] 这里的黄金法则是，销售的产品切勿超过广告上打出的数量。如果限量5个，绝不生产6个，而是做一个不同版本，再卖出5个。

利用网格增加销量

假设你并没有调整价格或进入新的品类，确定提高销量的方法是一个三步过程：

- 第一，确定你想要改变销量等式的哪一个变量——购买频率还是数量？
- 第二，决定该变量的增长是否刺激新客户或现有客户。
- 第三，确定网格中的哪些其他元素可以更好地帮助你实现这个目标。

举例说明，在线零售商可以通过改善客户体验的方法吸引更多新客户，从而售出更多的单品（数量）——为销售带来更多的客源。

虽然在现实中，大部分企业会同时采取多种方法，但每一种方法都是三个因子的组合：销量等式的一部分（频率或数量），客户群（新客户或现有客户），以及网格剩余元素的一个杠杆点。本部分深潜的剩余内容将集中讨论第三个因子——网格中可以用于增加销量的元素。

	希求性	盈利性	长期性
客户	**需求** ● 价值和信念 ● 目标 ● 壁垒	**收入** ● 收入模式 ● 价格 ❶ 销量（数目和频率）	**客户群** ● 认知度 ❷ 获取 ● 保留
市场	**竞争对手** ● 品类 ● 地域 ● 替代者和取代者	**议价能力** ● 与客户 ● 与供应商 ● 规则和法规	**可复制性** ● 法律保护 ● 持久优势 ● 竞争者滞后
组织	**产品** ● 主张 ❸ 客户体验 ● 品牌吸引	**成本** ● 可变成本 ● 固定成本 ● 资本支出	**适应性** ● 现金状况 ● 可扩展性或能力 ● 复杂度和优化度

注：一个在线零售商可以通过改善客户体验❸，出售更多单位❶给新客户❷。

地域扩展

增加销量的一个常用方法是地域扩展。知名健身品牌 SoulCycle 于 2006 年在纽约开了第一家健身房,第二年在汉普顿市开了第二家。十年后,全美共有超过 60 家 SoulCycle 健身房连锁店。[21] 服务型企业总会遵循类似的模式,在各大城市接连开设分店。

构建多版本的方案

无论基本定价设定得多么精明,总有愿意支付更多以及不愿意支付那么多的客户。可以通过这一方法来提高销量:在不同价位上提供不同版本的服务。

一个简单的经验法则是版本设定为低配、中配和高配。价格策略专家拉菲·穆罕默德建议一个逐层向下的版本模型:价格敏感的客户愿意用较少的价钱购买较少的功能,高端版本包含所有的功能,中间版本服务于客户的特定需求。还可以提供客户自定义配置、捆绑包或扩展(如延长保修)等。[22]

九寸钉乐队(Nine Inch Nails)的主唱特伦特·雷泽诺执行了一个绝妙的版本战略。在推出个人专辑《幽灵 I-IV》时,他提供免费下载《幽灵 I》,但需要用一个电子邮件地址交换,下载完整版 I-IV 专辑的 MP3 需支付 5 美元,一张 CD 售价 10 美元,而豪华版则售价 75 美元。还有一个超级豪华版本售价 300 美元——共 4 张黑胶唱片和 3 本精装书,限量 2500 套,带有签名和编号。超级豪华版本不到两天就销售一空,第一周该专辑的总销售额就突破了 160 万美元。[23]

改进主张

一个全新的经过改进的产品可以吸引现有客户继续升级，或鼓励新客户购买。对于底层技术拥有足够改进空间的产品，这是一种常见做法。

有些组织采用一种名为"计划性过时"（planned obsolescence）的策略。企业会故意发布新版本的产品，使旧型号产品无法继续使用；或者设计很短的试用期，产品必须定期升级。常用方式包括终止提供零配件，不容易修理或费用令人望而却步，或升级所有相关配件，等等，迫使旧产品不再兼容。

在此先不从道德层面讨论，这种战略的其他缺点一是环境成本较高，二是客户觉得自己被迫使用一个不需要的新产品，会心生反感。

许多品牌利用这种情绪，让"反对过时"成为自己产品的关键吸引力。RED 数码相机的招牌性标语即为"让过时成为过时"，其产品的模块化设计允许升级单个组件，这已成为一大卖点。[24]

客户体验

改善客户体验，让客户更方便地找到自己想要的产品和完成交易，这样也会提高销量。这种改进的效果是巨大的。

体验设计顾问杰瑞德·思普在测试一家电子商务网站时发现，客户在结账过程中一直不断被要求注册新账户，已注册客户也总是被复杂的表格弄糊涂，以至于忘记登录信息。杰瑞德团队为了改进这个网站的操作体验，将"注册"按钮换为"继续"按钮，让客户知道他们并不需要创建一个账户来完成下单。

销量很快增加了45%，第一个月就创造了1500万美元的额外收入，第一年一共增加了3亿美元收入。这一切都来自一个按钮的改变。[25]

改进客户体验有利于客户获取或客户保留，从而增加销量。卓越的客户体验不仅促使客户完成交易，还可以增加正面的口碑、宣传、推荐和回购可能。在"客户群：有效提高利润率的运营动作"一章中我将进一步讨论客户保留策略。

认知度

如果没人知道产品的存在，当然就无法购买。如果你坚信自己的产品是有价值的，但是销量低迷，原因也许在于产品没有足够的认知度，或当客户出现需求时，你的品牌并不会浮现在他们的脑海中。

这一直是我个人的致命弱点，作为一个害羞的英国人，我从小就被教育自我推销是低俗的，应该用实力说话。虽然我很喜欢认识新的朋友，但一想到寒暄或社交我就会退缩。但历经教训我终于学到：没有推销就没有成功，我会在"客户群：有效提高利润率的运营动作"一章中详细讨论这个主题。

找到适合自己的方法

提高销量有这么多选项可以选择，想要知道哪种会产生最好的结果，可能是一个很大的挑战。想象一下，在网站上改变一个按钮就可以增加数百万美元的销售额，而不用浪费大量物力财力在广告上。问题是，如何决定把重点放在哪里？

比较符合逻辑的方法是比较一定范围内的指标，然后开始逐一淘汰。举例说明，如下表所示，每列都显示了在一些共同指标下不同组合的结果。

	场景A	场景B	场景C
认知度	高	低	高
潜在用户	低	低	高
转化率	低	低	高
销量/活跃用户	低	低	高
客户满意度	低	高	低
问题范围	主张	认知度/期望值	客户体验

场景A

在第一种场景下，产品认知度很高，但潜在用户、转化率、销量和客户满意度都很糟；换言之，你的产品一塌糊涂。人们不需要你卖的东西，要么是因为你误解了客户的需求，要么有一个强大的竞争对手。你需要重新回到纸上画网格图。

场景B

客户满意度非常高，但认知度、潜在用户、转化率和销量都很低。这说明两个方面出了问题：一是认知度低，二是对客户期望管理不善。

如果客户对产品感到满意并一直在使用，但销量低迷，那么很可能是你没有通过市场传达出足够的关于产品优势的信息，而你的产品在客户的期望值以上，因此客户满意度如此之高。

场景 C

在最后一个场景里，每一项都非常顺利，直到潜在用户成为购买者，这时客户变得不满。这说明客户体验出了问题。人们一定很欣赏产品的理念，要不然是不会购买的，但现实与期望不符。

在理想情况下，你应该改进客户体验来达到那个期望值，因为这将带来很多兴趣和销量，如果降低了期望值，则不会获得同样的关注。

这些故意简化的场景是为了说明，孤立观察任何一个指标都会导致无效而鲁莽的决策。许多人花了很多钱在改进客户体验上，却收效甚微，这是因为问题出在别的地方。还有一些企业把钱花在广告上，把客户带入一个糟糕的体验，企业的投资回报率很低。

多数企业总是同时面向很多角度：投入广告，改进客户体验，扩展新门面，等等。这些很可能都是对的——提高销量不是一个二选一的决策，并且通常需要多管齐下。但同样重要的是：要思考每一个策略可能产生的影响，这样你才能有针对性地进行决策，而不是盲目地浪费时间和金钱，孤注一掷。

关键问题

收入模式

- 哪个收入模式最适合将产品货币化？
- 当前的收入模式有哪些局限性？
- 当前收入模式如何限制了产品的希求性？

价格

- 你的产品或服务是否达到了最优价格？如何判断？
- 你是否持续管理价格，还是设定后就不管了？
- 打折会如何影响你的盈利性？

销量

- 目标销量是否反映品牌定位？
- 哪些网格元素是最有潜力增加销售额的？
- 是否有足够的指标来识别真正的机会领域？

	希求性	盈利性	长期性
客户	**需求** ● 价值和信念 ● 目标 ● 壁垒	**收入** ● 收入模式 ● 价格 ● 销量（数目和频率）	**客户群** ● 认知度 ● 获取 ● 保留
市场	**竞争对手** ● 品类 ● 地域 ● 替代者和取代者	**议价能力** ● 与客户 ● 与供应商 ● 规则和法规	**可复制性** ● 法律保护 ● 持久优势 ● 竞争者滞后
组织	**产品** ● 主张 ● 客户体验 ● 品牌吸引	**成本** ● 可变成本 ● 固定成本 ● 资本支出	**适应性** ● 现金状况 ● 可扩展性或能力 ● 复杂度和僵化度

第八章

议价能力：取得供需博弈的胜利

企业中最有价值的货币不是现金，而是能力。

当我们静下来思考时，这一点尤为明显。那些身居要职的人会发现财富和利润很容易获得，因为权力会左右利益。现实是，你不是从利润开始，然后打造一个权力基础，而是先建立权力基础，然后创造利润，两者相辅相成。

听上去有些令人反感或不道德，但其实不然。在你了解了权力的本质之后——来自哪里，谁是拥有者以及如何左右事态——你才能从自己的利益出发行事，否则会不知不觉地让自己遭受剥削，并且不断地被别人利用。

对于那些位高权重的人来说，对权力的理解更为重要，因为那些野蛮而笨拙地挥舞着权力大棒的人，很快就会被击垮。拥有权力只能解决一般性的问题，学会如何使用并掌握好时机才是一件充满挑战的事。

通过本章的学习，你将学会从不同的角度看待世界，这有助于你做出决策。一旦你意识到你所拥有的力量，你就可以有效地使用它，而不是"拱手送出，再自掏腰包买回来"，这是一个朋友的原话。[1]

秘诀在于学习何时竞争以及何时合作。我们本能地将竞争和合作视为对立面，但实际上两者的关系甚为微妙。如格林斯基和施韦泽在《朋友与敌人》(*Friend and Foe*) 一书中所述："我们最重要的关系既不是竞争也不是合作，而是两者皆是……我们需要了解的是，合作和竞争往往同时发生，我们必须灵活地在两者之间转换。"[2]

与客户和供应商的关系从根本上来说是合作关系，但每一方最终都是为自己的利益服务，因此会在过程中带来竞争的紧张感。了解这一点，以及这种关系如何指导决策过程，即为本章的开篇主题。

与客户和供应商议价的能力

哈佛商学院教授迈克尔·波特在20世纪80年代因一部权威著作《竞争战略》(*Competitive Strategy*) 而声名远播。他的核心理论是，企业的利润取决于其产业结构，而产业结构取决于五大力量的相互作用。[3] 其中三大力量与竞争对手相关：可替代的威胁、新对手的威胁和竞争强度。另外两大力量与供应商和客户的能力行使相关。

基本理论很简单。每个企业都夹在供应商与客户之间。当然，每一方都想争取最大利益。供应商要价越高，自然就越高兴，因为利润会更高。客户也希望能得到最实惠的利益——不论从经济角度还是其他。而谁的议价能力越高，不管是供应商、客户还是企业，谁获取的利润就越高。

这种微妙的平衡生态可以用一个很好的案例来说明，该案例最近发生在纽约市的西村区。一方面，这个地区从未如此富裕过，另一方面，当地企业正以惊人的速度衰落。[4] 听上去非常矛盾：如果聚集了那么多的有钱人，当地的企业怎么可能会不繁荣呢？然而，当考虑到相关方的议价能力正在发生转变时，答案就很清楚了。

房东变得更强大，因为寸土寸金的需求让房东可以提高商业租金。同时，客户不愿意付更多的钱给商业租户——小企业主们——来抵销他们的成本。随着议价能力倾向于房东，房租上升。本地企业盈利能力受限，逐步衰落。

当一个行业的议价能力发生变化时，其影响往往是震撼性的。未来似乎不可预测，因为每方玩家都在为新秩序中自己的位置而斗争。似乎没有人能确定硬币落下来会哪面朝上。

由于供应商和企业以及企业和客户的关系从本质上来看是一样的——都是一方从另一方购买——即支持供应商能力和买家能力的因素基本相同，这样就允许供应商和买家同时面临对方的选择。这些复杂的相互作用受到五个原则的制约。[5]

1. 买得越多，能力越大

对企业收入贡献良多的客户，不可避免地比贡献较少的客户有着更高的议价能力，因为如果失去大客户企业会损失更大。

如果是供应商，原则很简单：如果想拥有更多的议价能力，需要下更大的订单。小型医院和医护人员通过建立集团采购组织进行资源汇总，作为个体他们的议价能力很低，但几千个单位集中起来，谈判地位马上改变。许多小企业通过这种联合起来和供应商签订巨额订单的方式，还可以获得可观的折扣。

在选择供应商时，应该考虑你的企业对供应商的重要程度。供应商提供给你的额度越高，你的议价权越大。然而，这其中要把握一定的权衡。如果供应商倒闭，可能会威胁到自己的生存。因此许多公司对供应商都非常谨慎，以免对供应商过于依赖。初创公司瞄准大公司时往往会在这一点上吃亏——羽翼未丰的公司无法挑选好的供应商来满足目标客户的要求，因为它们之间的合作只占供应商营业额的很小比例。

当面对客户时，原则也是一样的。你的客户越多，它们为企业贡献的收入越平均，他们对你来说议价能力就越小。你应该警惕某一个客户覆盖了企业的大部分收入，因为这样的话该客户可以主导价格。在极端情况下，一个足够强大的客户可以大幅压价，足以让一个供应商破产。

项目管理软件公司 Basecamp 在规避此类风险方面树立了良好的典范。作为联合创始人，杰森·弗莱德在 *Inc* 杂志上撰文写道："大企业客户非常诱人——但它们也会颠覆你的产品、员工和稳定。"他还继续解释道："在 Basecamp，我们相信数量的力量。不是钱的数量大，而是客户数量大……多样化的客户群有助于企业独立。大客户会让企业变得脆弱和具有依赖性。"[6]

2. 越难转换，能力越小

如果你可以在不受惩罚的情况下随意变换供应商，则拥有了一个强有力的议价地位——如果不如意，则可以威胁离开。然而，如果你面临着高转换成本，你的议价能力就会减弱。

一个典型的错误是忘记这些高转换成本。客户受到低价诱惑，急切地采用某个供应商的产品，不知不觉把该产品变为企业的关键业务。之后当它们需要对服务或产品进行修改时，痛苦也随之而来，因为发现要付出的代价非常离谱。它们把自己的能力拱手让给供应商，然后供应商用关键业务作为筹码，占据议价高地。

当需要购买任何一种产品或服务时，必须考虑转换成本。同样的道理，客户离开你的困难程度也会影响你和它们之间的议价能力。

3. 产品越重要，力量越强大

当产品或服务至关重要时——救命手术或企业的关键基础设施——客户的议价能力就相对较弱。因为议价太狠的话会太冒险。合作比竞争获益更大。

维持或增加议价能力的最简单的方法是，不断关注客户的需求改变，并专注于解决它们最重要的问题。

同样，当供应商对企业作用非常关键时，企业也应该当心不要"捡了芝麻，丢了西瓜"。我经常惊讶地看到企业对承包商的恶劣态度——仗势欺人、霸王条款、锱铢必较——根本没意识到这些人对自己的成功至关重要。如果供应商一心只想怎么拿到钱，它们的工作质量必将受到影响；或者它们会实施拖延战术，把项目推迟几个星期或几个月。

4. 对手越多，力量越小

大学毕业后，作为一个自由摄影师，我取得了一些成功。这是个竞争异常激烈的行业，非常多的人想要进入这个行业，因此大型杂志的艺术总监们知道自己处于最强的议价地位上，并且将这一点表达得淋漓尽致。当我知道身后有两百个人愿意接替我的位置时，我无力谈什么条件。

客户拥有的选项的数量和多样性，决定了他们的议价能力。如果所有选项都差不多，客户只能对比价格，你也因此只能压低自己的利润率。如果你无法保持自己产品的独特性和希求性，客户就会占据主动，对你进行上下碾轧。

同样的生态原则也支配着企业和供应商的关系。如果对产品或服务的需求增加，或替代选项的数目降低，供应商的议价能力就会提高，同时提高的还有它们的报价。

这就解释了为什么有些企业积极地鼓励新的供应商进入市场——避免占主导地位的供应商获得太大的能力。在某些情况下，可以将需求分派给两个或更多的供应商，让它们彼此竞争，同时，它们都会和你加强合作。

5. 难度越小，力量越小

如果我可以做供应商的工作，那还要它们做什么？如果客户可以完成我的工作,那还要我干什么?

当客户可以自己在家轻松完成你的工作——这被称为"后向整合"(backward integration)——你的议价能力将会受限。如果要价太高,客户会另找他人或自己动手。同样道理,如果一个供应商可以轻松完成你的工作——这被称为"前向整合"(forward integration)——你的议价能力也会受限。

随着时间的推移,戴尔公司将越来越多的业务外包给台湾的华硕公司,从最基本的电路开始,然后是主板,最后整条组装设计线。每一步的决策看起来都很正确,因为利润在上升,直到华硕前向整合完毕,利用积累的专业知识,推出了自己的电脑品牌。管理大师克莱顿·克里斯坦森称这种情况为"希腊式悲剧"。[7]

案例研究:买方和供应商能力

几年前,一个基于网络的零售商找到我,向我咨询关于外包其网站设计的事宜。他们接触了几家公司,都表示了很大的兴趣,他们希望再听听独立咨询师的意见。

令他们惊讶的是,我认为这是个危险的想法。他们的网站就是他们的业务全部——客户与之互动的唯一渠道。把公司运作的这一关键部分的掌控权让给他人,会让新供应商拥有巨大的权力。时间一长,供应商会掌握到企业的重要信息和专业知识,而随着企业的创造性以及知识中心慢慢移往他处,议价能力也将逐渐削弱。

而随着业务结合越来越紧密,转换成本自然上升——如果公司想改变合作伙伴，管理过渡过程将变得非常困难和昂贵。而失去在公司内部完成工作的能力会进一步增加供应商的议价能力。价格很可能迅速提升。

我建议了一个更好的出路，即进行战略性招聘以及投资培训。这样公司就能以一个合理的成本提高自身能力，在公司内部解决问题，并避免被别人当作筹码。

而这是很多企业会发生的错误，只考虑眼前的成本，而没有想到长远的影响。该公司最后搁置了外包计划，聘请了一些重要的专家，成功地将业务留在公司内部，至今已过去数年。

规则和法规

制度规定了企业必须遵循的游戏规则，是当局用来控制市场状况和组织行为的主要杠杆工具。制度改变时，影响往往是深远的，尽管有些影响短时间内还不太明显（无论对监管者还是对行业参与者）。

网格是评估这些变化的有价值的工具，因为任何制度都将影响一个至多个方格。让我们一次来评估一个网格的杠杆支点。

客户需求

监管机构可以直接影响客户需求，主要通过改变客户认知以及建立或拆除壁垒等方法。比如，关于客户认知，可以对广告严加监控，以确保产品或服务的功能被准确描述。

最近一个案例涉及美国最大的手表品牌 Shinola 使用"美国制造"标签。联邦贸易委员会要求携带该标签的产品的零部件"全部或几乎全部"在美国制造，因此当 Shinola 手表被发现含有瑞士工艺时，联邦贸易委员会采取了行动。Shinola 被要求更新营销文案和广告，重新设计手表背面，并且撤下标语——"美国制造"。[8]

监管机构还可以建立各种壁垒来阻止采购，最明显的做法是让某件事变成非法。同理，将一种产品合法化既可以开辟新的市场（比如大麻最近在科罗拉多州被合法化[9]），也可以降低拥有或经营一种产品的监管要求。

再比如 2016 年，联邦航空管理局改变了管制商用无人机使用规则。以前需要有驾驶执照，现在，任何年满 16 周岁且无犯罪记录，以及通过航空知识测试的人都可以操作无人机。该法规明显降低了采购和使用商用无人机的壁垒，并就此开辟了新的客户市场：例如房地产广告商，现在可以在宣传册上印上航拍的房屋照片。[10]

竞争

为创新企业提供补贴或减税政策，并立法打击反竞争行为，这些都是控制竞争的典型做法。大型兼并和收购行为通常需要政府批准，以防止垄断，对反竞争行为的惩罚也很常见。

欧洲委员会在这一点上非常强硬，一旦发现有组织有越界行为，立刻罚款。一个著名的例子就是微软公司，微软因为未能为 Windows 用户提供网络浏览器的自主选择而被罚款 7.31 亿美元。[11] 另一个例子是英特尔公司,它由于反竞争行为而遭到14亿美元的罚款,创下了当时的罚款纪录。[12]

产品

监管机构可以直接决定产品的参数,包括品牌、主张、客户体验等。

如《兰哈姆法案》(The Lanham Act)规定,美国的商标禁止"贬低他人……无论是活着的人还是逝去的人……抑或藐视或羞辱他人"。[13] 2015年,一位法官援引了该条例,并取消了职业橄榄球华盛顿红人队的商标,因为它被认为冒犯了印第安人。

虽然该条例涉及商标法,但这一问题从根本上和品牌吸引息息相关。NFL(美国职业橄榄球大联盟)的律师团队对该裁定提出抗议,声称球队品牌价值高达2.4亿美元,该裁定会让该价值受损。[14]

关于主张,大部分产品或服务都必须遵守基本法规,但有些品类曾经由于某项具体法规受到极大的影响。英国政府在不到一年的时间内将一次性塑料袋的使用量减少了85%,只因为政府规定必须在结账时支付5便士才能拿走塑料袋。此举节省了65亿个塑料袋。[15]

澳大利亚政府的药品福利计划只为那些最具竞争力的药品提供补贴。政府将每种新药和现有药品进行疗效和安全等方面的比较,然后和供应商谈判商定一个价格。[16]

监管机构通常会要求企业满足客户服务的最低标准。英国电信监管机构OFCOM最近给沃达丰开出了一项462.5万英镑的罚单,理由是"严重而长期地"违犯消费者保护法，特别是不当销售、收费不准确以及在投诉处理方面表现欠佳。[17]

收入

监管机构经常直接干预控制收入。最近在印度，监管机构调整了一些药品的价格，这些药品主要用于治疗癌症、心脏病和糖尿病，此举是为了让更多百姓能够负担得起。[18]

反欺诈法是为了防止企业利用需求扭曲的情况进行剥削。如约翰·谢泼森案。卡特里娜飓风后，谢泼森购买了19台发电机，租了辆卡车开到密西西比，希望能赚双倍的钱。结果他因价格欺诈被捕，发动机被没收，他也因此入狱四天。[19]

成本

而税务法规更是追求利润最大化的组织的兴趣所在。有些企业会花费非常大的力气，想方设法地少交税，它们使用的技巧包括"荷兰三明治"（Dutch Sandwich）或"双爱尔兰"（Double Irish）等，将利润转往海外子公司。本书撰写之时，苹果公司正在抗议欧盟一项高达130亿美元的罚单，该罚单指控爱尔兰政府给予苹果的"甜心税收待遇"（sweetheart tax deal）违反了欧盟国家援助法规。[20]

另一个需要重点考虑的因素是遵守法规的成本，对某些公司来说，这一成本可能达到每年数百万美元，因为整个公司的方方面面都必须受到该法规的约束。这可能会对竞争产生连锁反应，只有那些有实力跨过种种必要门槛的企业才有资格加入竞争行列。

客户群

立法能够直接影响公司吸引和保留客户的能力，通常的方法是降低转换成本。在英国这一做法已司空见惯，监管机构正在系统性地让金融服务、能源和电信行业的转换更为便捷，以鼓励供应商更多地以客户为中心。

可复制性

政府机构通过颁授专利权、商标权和版权等方式来保护知识产权——运用法律手段杜绝抄袭——以及提供举报抄袭的平台。创业伊始，不仅要考虑如何保护自己的创意，还要确保自己不侵犯他人的知识产权。

知识产权战略的一个关键部分是确定是否有足够权限进入某个品类，以及了解如果权限不够需要付出的成本。复杂情况下，可能有数以千计的专利站在你和一个适销产品之间——必须拿到这些专利许可才可以进入市场。

适应性

人们通常批评监管机构的复杂流程和官僚作风，因为这会让公司的反应变慢。在制药业，一种新药进入市场可能要经过十年以上的审批流程——当然，这十年间会有很多改变。

尽管如此，当组织无法应对改变时，政府也会有所干预，即使是企业本身的问题。最好的例子就是2008年金融危机后，美国联邦政府拿出7000亿美元救市，帮助资金短缺的公司渡过难关。[21]

结论

本章的关键信息是，监管政策的变化所带来的深远影响超越了普遍的考虑范围——成本和竞争力。监管政策会影响网格中的所有元素。

因此，企业游说政府修改和其产业相关的法规，这不足为奇。仅在美国，游说行业价值达数十亿美元，对于某个大型企业来说，拥有超过100名为企业利益服务的政府说客，也不是太罕见的事。

监管的实际意义很明确。如果你正在创业，则必须在考量每一个方格时考虑监管环境。对于已经在行业里的企业来说，如果法规发生改变，则必须考量有哪些元素会受到影响，因为一个新的法规可能同时影响很多方格。

或许更为理论化的结论是：当不利的监管政策出现时，组织本身应该扮演什么角色。《萨班斯-奥克斯利法案》（Sarbanes-Oxley Act）——政府对上市公司实施的一整套严格规定——就是世界通信公司、安然等公司出现财务欺诈丑闻后的直接结果。[22]

转移利润税，又被称为"谷歌税"，反映了跨国公司为了降低税负而无所不用其极的做法，全然不顾公众的看法。[23] 欧洲禁止手机漫游费用，也是针对电信运营商过度牟取暴利的明确回应。

事实是，监管往往只是企业滥用权力的副产品——对那些有权势的人来说，这是一个永远存在的风险，也是一个值得我们深入探讨的话题。

权力的悖论——一个警语

　　穆罕默德·布瓦吉吉靠在突尼斯一个小镇的路边摆地摊卖水果艰难度日，他一直受到来自当局城管的骚扰，他也无力靠行贿解决。

　　有一天，一个女警官打了他一巴掌，还没收了他的秤，他忍无可忍跑到市政大楼，但被告知没有人可以见他。想到多年的虐待和屈辱，他在身上浇满汽油，就在州长办公室外点燃了自己。

　　几小时内，声援布瓦吉吉的抗议者从小镇很快蔓延到其他城市。警方努力控制骚乱，事态却愈演愈烈。多年的积怨充斥着人们的大脑，突尼斯遍布愤怒和暴力。总统本·阿里逃亡海外，24年的总统生涯就此结束。[24]类似的抗议活动很快在邻国爆发，这就是被称为"阿拉伯之春"的起义浪潮。埃及穆巴拉克政府、利比亚卡扎菲政府都被迫倒台。[25]一个小商贩的怨恨永久地改变了世界历史进程。

　　出现这样的情况是因为两种从根本上对立的人类特质。一方面，我们拥有先天的公正感，一旦被侵犯，会激起强烈的情绪反应。另一方面，权力会让人陶醉，会蒙蔽自己，对他人的观点视而不见。结果就是位高权重的人一次又一次地积累民怨，最后往往爆发造成严重后果。

　　公平不仅仅是一种美德，它是人类的本能。由于我们的祖先意识到团队合作的优点——不论是一起打猎还是用某种技术造福大家——所以我们逐渐进化出一种天生就有的公平感，鼓励合作和互帮互助。当别人受到不公平待遇时，我们发展出同样强烈的情绪反应：仇恨、复仇和愤怒，如我们看到的突尼斯人民。[26]

强烈的公平感的另一个进化原因是：帮助维护我们的声誉。在早期社会，人类和同部落的成员交流紧密，如果有人有了反社会的名声，很快就会被排斥，只能单枪匹马为生存而战。

问题在于，如果人们对不公平的反应如此强烈，如果不公平会如此损害我们的名誉，如果信任在商业中如此重要，为什么还会有人试图剥削客户、供应商或劳动力？答案很简单。当我们身居高位时，看世界的角度就会发生偏差。

最常被用来形容权力影响的一个词是"迷醉"，这是有充分理由的：权力和醉酒有着相似的心理影响。我们会感到自己所向披靡，变得自负和鲁莽。我们会变得傲慢，如果遭遇挑战马上反击。最危险的是，我们看不到行为可能造成的后果。类似的副作用还包括：道德感和同理心的丧失，众星捧月下的过度自信，更加虚伪、自私，不惜作假，等等。[27]

这也导致了达契尔·克特纳所称的"例外论叙事"（narratives of exceptionalism）现象——因为我们是非凡的，所以自己的不道德行为可以接受，而别人同样的行为则需要谴责，应该受到惩罚。[28] 这就是克特纳的"权力的悖论"：在获得权力的过程中，我们逐步脱离现实，开始滥用权力，最终失去权力。

应该很少有人还会记得 Storm——黑莓公司第一次尝试的触摸屏智能手机——但是威瑞森还记得。在美国电话电报公司成为苹果的独家电信运营商后，威瑞森需要一个有竞争力的产品，这时 Storm 机出现了，如一个身着闪亮盔甲的骑士。

遗憾的是，由于 Storm 机是在短短 9 个月的时间内赶工生产出来的，从质量到设计都存在着很大的问题，几乎无法使用。在和黑莓 CEO 吉姆·贝尔斯利的一次会谈中，威瑞森强烈表达了谴责之意。最先卖出去的 100 万部 Storms 手机几乎都需要更换，威瑞森希望黑莓公司支付这笔开支，毕竟问题还是出在黑莓公司身上。威瑞森估算的数字是 5 亿美元。

尽管威瑞森是最大的客户，贝尔斯利还是拒绝了。他知道如果同意赔款，就意味着被产品困住，再无任何选择，因此他坚持让威瑞森履行合同，尽管遭到威瑞森会破坏关系的警告。[29]

然而很快，安卓出现了，新的可替代产品让权力的天平很快倾向于威瑞森这一边。由于黑莓公司的不公平出牌激怒了威瑞森，并且出现了另一个强大的合作对象，威瑞森将大部分营销预算放在了安卓身上。与此同时，黑莓也遭遇了最具挑战性的竞争对手。

两年内，威瑞森购买黑莓智能手机的比例从 95% 降到 5%。贝尔斯利对现实的扭曲视角最终打败了他自己，就在他最需要客户支持的时候。[30]

人们在行使权力时，很难打破"为一己私欲不惜牺牲他人，不断积累怨恨，最终堕入深渊"这一诅咒模式，似乎带有某种奇妙的因果报应。

虽然波特教授关于客户权力、供应商权力和企业利润之间的关系的研究非常清晰有力，但他的分析并未明确考虑权力悖论的长期后果，即拥有和使用权力会导致我们失去的比争取到的更多。

如果对供应商或客户施加的压力产生太多的反感，效果则适得其反。这个观点不是道德上的，而是商业上的。反感直接导致新的替代者进入市场，客户会迅速离开以示抗议，甚至促使政府制定限制法规，永久终止你的权力。就在我写这一章时，一个近乎完美的例子进入我的视野。

2007年，制药公司迈兰（Mylan）购买了EpiPen（肾上腺素笔）进入美国市场的专利。EpiPen是一种抗过敏的紧急注射剂，来自德国药业巨头默克（Merck）。时至今日，该药的销售额已经从每年2亿美元增加到10亿美元以上。[31]

一个在20世纪70年代就研发生产的产品，其原料已经存在了一百年，是如何成为如此巨大的摇钱树的？答案就是议价能力。让我们从监管的影响入手，一步一步解开这个谜题。

首先，2008年美国监管机构颁布新的法规，允许针对有过敏反应风险的人的药品进入市场，在此之前，类似药品只能针对有过敏史的人。两年后，FDA（美国食品药品监督管理局）用药指南要求平常用一针0.3毫克剂量的病人应该接受两针0.3毫克剂量。从此以后，EpiPen只采用双包装进行销售。[32]

2013年，奥巴马政府签署了《学校提供应急肾上腺素法案》，要求小学和中学都要预备一些肾上腺素相关药品（EpiPen注射剂中的主要成分），以防学生在学校发生严重的过敏反应。[33]

颁布该法规的直接结果就是公司的客户群迅速增长：七年间患者数量增加了67%。[34] 之前我解释了拥有的客户群越多，他们对收入的贡献越平均，你就拥有越大的议价能力。迈兰的增长速度让其跻身行业强者之列，但收获还在继续。

为了进一步增加销量，迈兰举办了提高公共意识的营销活动，鼓励病人随时随地备好一针 EpiPen——在车里、家中和工作场所。其中一项活动名为"过敏的真实记录"，演员萨拉·杰西卡·帕克在影片中讲到她儿子对花生的严重过敏，甚至危及生命，并鼓励观众随身携带肾上腺素注射器。[35]

随着市场的大幅增长，EpiPen 的竞争对手也在减少。2015 年，EpiPen 唯一真正的对手——Auvi-Q 被发现一针剂量不足之后，被迫撤出了市场。[36] 另一个可能的对手来自梯瓦（Teva）制药公司，但梯瓦未能通过监管批准，因此 EpiPen 成为市场上的唯一玩家，成绩斐然。[37]

之前我指出产品对客户越重要，议价能力就越强。我还指出——如果其他条件都一样——对手越少，权力则越大。

人们很难想象有这样的产品：救命良药，一个竞争对手撤出市场，另一竞争对手未通过监管批准，客户除了你别无他选。在拥有如此强大议价能力的情况下，会发生什么？一定是涨价。

迈兰开始稳步提高价格。起初，涨幅约为 10%，每年涨两次，然后涨幅变为 15%。[38] 2014 年，公司的利润率已经达到 55%（6 年前只有 9%），而迈兰的议价能力依然在增长。[39]

2015 年，彭博社的一篇文章提到，迈兰上一年的涨价幅度为 32%，评论员警告说如果继续涨价，很有可能会遭遇抵制。[40] 其中讲到的故事包括有人由于买不起药而强忍眼泪，还有一些人从加拿大购买 EpiPen，由于不同的监管环境，加拿大的价格要低得多。

任何关于公平的伪装——而公平对于客户关系如此重要——都被撕破。2007 年，一支 EpiPen 注射剂售价 57 美元，2016 年，该价格达到 600 美元。[41] 当孩子们过完暑假回到学校后，许多家长发现他们已经无法负担该药品了。迈兰公司走得太远了，客户怨声载道。

一个愤怒的纽约人首先通过社交媒体发出请愿，并随之获得大量支持，七周内国会收到了 12.1 万封要求该药品降价的信。家长们开始在网上发处方单的照片，一位亚利桑那州的父亲买了 6 支针剂，支付了 1698.28 美元。主流媒体很快抓到了这个故事，两位民主党总统候选人都呼吁降价。[42]

伴随着民众的道德谴责，议员们开始攻击迈兰。参议员艾米·克鲁布查（其女儿也是 EpiPen 使用者）呼吁司法委员会调查迈兰。[43] 另一部分议员写信给 FDA，询问批准另一种药物进入市场的进展，对其施加压力以让更多竞争者进入市场。[44]

议员们还要求调查迈兰是否在政府低收入医保项目里存在要价过高现象。该产品随后被发现错误地归类为非专利药，最终迈兰和美国司法部以 4.65 亿美元达成和解。[45]

之前我提到身居高位者是如何倾向于使用例外论叙事。在 CNBC（美国全国广播公司财经频道）的电视采访中，迈兰的 CEO 海瑟·布莱斯被问及是否理解人民对价格上涨的愤怒时说："没有人比我更沮丧。"[46]

但是，在她的许多客户无法负担这一救命药品的同时，布莱斯女士的薪酬飞速上涨。2015 年她的收入超过 1800 万美元，比 2007 年增长了 671%。[47] 和无法给自己的孩子负担救命药品的父母相比，很难看出她会比别人更沮丧。

在愤怒的病人、大众、主流媒体和政府的攻击下，8 月下旬，迈兰的股价下跌了 19%。[48] 他们做出的第一个止损动作是为没有医保或自付比例高的客户提供 300 美元的优惠券，但这并没有平息人们的愤怒。几天内迈兰宣布，将推出一个类似 EpiPen 的替代品，标价 300 美元——降价超过 50%。[49]

现在要讨论该起事件对迈兰公司、CEO、EpiPen 或广义上整个制药行业的长期后果也许还为时过早，但可以肯定的是，迈兰公司本来可以选择不经历这一切：品牌受损，国会审查，市场的竞争者增加，监管调查成本增加，以及被迫半价发行另一种产品。

迈兰的业务仍然有利可图，但人们不禁要问，如果稍许克制，是否会更符合他们的利益。像我们前面谈到的一样，位高权重的公司总是努力把这个教训抛在脑后。

如何在不招致怨恨的前提下从强大的议价地位上获利？以下准则可以帮助你找到一个平衡。

谨记权力的真正源泉

克特纳 20 年来关于权力生态的研究得出了一些令人惊讶的结论。我们常常把权力看成是操纵和胁迫的产物，而克特纳的研究表明恰恰相反：从别人身上既能获取权力也能维持权力。当我们改善了他人的生活并做出更好的贡献时，我们会被授予权力。这非常合情合理。任何企业权力的真正来源是产品提供给客户的价值。

克特纳认为，通向持久权力的道路就是关注他人：视客户需求为己任，保持同理心，保持尊重与感激的态度。[50] 换句话说，用你自己想被对待的方式对待客户，创造可能提供的最理想产品。

看重声誉

声誉就像电池。它储存着可以用来影响他人的力量。如果想要保持权力，则必须时刻保持权力电池的电量充足。

2015 年 6 月，苹果公司宣布推出一项音乐流媒体服务，用以和 Spotify、Tidal 以及潘多拉进行竞争，该服务名为"Apple Music"。为了吸引顾客，公司提供了三个月的免费试用。而公司隐而不谈的是，那些音乐家和艺术家在这三个月不会拿到版税。

作为回应，著名歌手泰勒·斯威夫特给苹果公司写了一封公开信，声明她最新的专辑将不会参加该服务，并将此作为对苹果这种不尊重音乐人的做法的抗议。"我们没有向你们要免费的 iPhone，"她说，"那么也请不要要求我们免费提供自己的音乐。"[51]

苹果的反应很有意思。作为世界上最大的公司之一，他们有着无与伦比的议价能力，通常也会大方表现出这种能力。[52] 他们完全可以忽视斯威夫特小姐的信，继续走自己的路。

但是在最后一刻，苹果公司让步并修改了规则，这种做法让他们降低了品牌损害的风险，避免了引发不必要的怨恨，并在流行音乐界建立了一个强大的盟友。[53]

做决策时，如果需要客户或供应商发挥杠杆作用，那么首先应考虑该决策是否会影响自己的声誉。如果不想让人发现，那就不要做。停下来思考你想如何被世界记住，这将会是一剂让人头脑清醒的强心针。

带着合作精神做出安排

与客户和供应商的关系不是一种零和博弈。交易的本质是造福所有人。最好能找到这样的供应商和客户：彼此关系是合作和互惠的，而不是要绑架他们为你的利益服务。如果客户或供应商对你来说太强大了，则必须另寻他人，或者改进产品，让彼此处在同一个水平线上。

从长远考虑

在客户中间引起反感会产生一个复合效应。首先，为竞争对手创造了机会，它们可以抓住和利用客户从你这里得到的任何不良体验。其次，当竞争产品进入市场后，客户会急切地给予支持作为对你的报复。

反感既会累积，又处于无形。身处高位的人看不到它的影响，等到警觉时往往为时已晚。人们总是为了暂时的利益牺牲未来。做决策时发现有积累反感的风险时，必须对短期结果和长期后果谨慎衡量。因果效应一旦产生，可能会持续多年。

如果你能够持续创造能力范围内最理想的产品，并且和客户关系融洽，和供应商审慎合作，你一定会成功，而无须自抬身价或把自己降到尘埃里。

反感是极具破坏性的，其确切的引爆点不可预知。权力的天平终有一天会从你身上倾斜，这不可避免——每个企业的最终命运都难逃于此。当你遇到困难时，谁会在背后支持你？短期利益和长期痛苦孰轻孰重？在盖棺定论之前先思考这些问题，而不是之后。

关键问题

与客户和供应商议价的能力

- 选择供应商时，你是否将议价能力纳入考量？
- 哪些因素会影响客户的议价能力？
- 改变竞争会如何影响你的议价能力？

规则和法规

- 监管环境将如何影响你的网格中的九个方格？
- 是否有任何即将出台的监管法规改变？
- 这些改变会如何影响网格中的每个方格？

权力的悖论

- 你的决策是否会让买方或供方反感？
- 长期后果可能会是什么？
- 该风险是否值得？

	希求性	**盈利性**	长期性
客户	**需求** ● 价值和信念 ● 目标 ● 壁垒	**收入** ● 收入模式 ● 价格 ● 销量（数目和频率）	**客户群** ● 认知度 ● 获取 ● 保留
市场	**竞争对手** ● 品类 ● 地域 ● 替代者和取代者	**议价能力** ● 与客户 ● 与供应商 ● 规则和法规	**可复制性** ● 法律保护 ● 持久优势 ● 竞争者滞后
组织	**产品** ● 主张 ● 客户体验 ● 品牌吸引	**成本** ● **可变成本** ● **固定成本** ● **资本支出**	**适应性** ● 现金状况 ● 可扩展性或能力 ● 复杂度和僵化度

第九章

成本：掌握成本比例与收支等式

2016年4月，多宝箱的员工来到办公室，发现大厅口立着一座铂金熊猫雕像——公司的吉祥物。据说该雕像耗资10万美元，上面贴着的一张便条写道：

"多年来，大熊猫对多宝箱来说意味着很多，立这座雕像的目的是怀念初心……这个做法并不正确……对于一个健康而持久的企业来说，每一块钱都要花在刀刃上。虽然我们可以拥有美好的事物，但请扪心自问：我会这样花自己的钱吗？"[1]

尽管进入了严格的成本控制阶段，他们还是决定把"节俭熊猫"作为提醒，倡导节俭。[2]

在彭博科技会议上,多宝箱的 CEO 德鲁·休斯顿分享了一些宝贵经验。"成本可能一日之间离你而去,小的支出会积少成多,"他说,"在这个欣欣向荣的时代,你会忘记自己的立足点……企业不能单纯靠管理成本获得成功,但对任何企业来说这都是一个重要的工作。"[3]

为了降低成本,多宝箱把削减成本的目标对准了约 3800 万美元员工福利,其中包括米其林星级厨师上门服务、免费酒吧和洗衣服务。多宝箱至今尚未实现盈利。[4]

节俭是一种美德,无论公司多么成功,成本管理都是企业经营的重要组成部分。对于任何公司来说,公司运作就是用更少的时间和成本生产出一个可行的产品,如果你需要融资,更低的成本意味着放弃更少的股权,或承担更少的债务。

控制成本也比控制收入更容易。你不知道客户或竞争对手将如何应对价格变化,但你可以选择把钱花在哪里。尽管总的成本可能很难估算或预测,但可以控制支出。

但是重要的是要理解,成本问题并非独立存在。成本的产生有多个源头,理解成本来源和本质可以让控制变得更容易。

固定成本

固定成本——也被称为一般管理成本——指的是那些和销售额无关的成本,比如员工薪酬或互联网连接成本。即使你什么都没卖出去,也必须支付这些成本。

尽管实际上没什么成本能完全和销售额无关——比如企业扩大至某个程度可能需要雇用更多的工作人员——但将固定成本作为特定品类来处理是有帮助的，因为它们会影响销量，来达到或保持某一利润率。

大多数组织的固定成本最常见的来源是劳动力。在成本管理中，需要特别注意劳动力成本，有四个原因：第一，除了薪酬之外，员工会带来比想象中高得多的相关成本（设备、福利、保险等）；第二，人力成本无法轻易消除（解雇是很困难的选择，从精神和程序上都是如此）；第三，薪酬往往会随着时间的推移而上升；第四，如果不加控制，员工人数往往会成倍增长。雇用一个经理，经理会雇用一个团队，每个团队又想拥有自己的下属团队，不久人力成本就会迅速增加。[5]

创业科技公司 Powa 给我们带来了一个生动而发人深省的例子。在募集到近 2 亿美元的资金后，Powa 完全放弃了成本控制。销售人员只须和一个潜在客户签署了意向书，就可以拿到 2000 英镑的奖金。公司坐落于伦敦著名的苍鹭大厦（三年的租金为 600 万英镑），另外在香港、纽约和欧洲设有办事处，然后是梅菲尔（伦敦顶级富人区）的派对，有美酒和脱衣舞娘。但是真正将资本耗尽的是员工。

2012 年，员工成本约为 66 万英镑，三年后这个数字达到 2500 万。用 CEO 丹·瓦格纳的话来说，这笔钱是"预收入"（pre-revenue）。2016 年 2 月，公司现金耗尽后被法院接管，CEO 将这个结果描述为"完全随机发生的事情"。[6]

请记得慎重考虑是否真的需要新员工，并确保任何增加人数的理由都是足够合理的。如果有人离开企业，请想清楚这些人是否真的需要有人替代或没有他们是不是也可以。

可变成本

可变成本是随产出而变化的成本。如果不用原材料生产产品的话，则不承担成本，或者不送货的话，也不会产生运费。可变成本非常重要，因为它会影响边际贡献——每一笔销售额除去固定成本并最终产生的利润额。可变成本越低，每一笔销售产生的利润越高。两个简单的方法可以帮助控制可变成本：设定目标成本和减少浪费。

设定目标成本

设定目标成本——按照盈利水平设置最高生产成本——可以帮助你从第一天开始降低成本，因为在设计或开发阶段做出的决策往往决定产品或服务的后续利润。

SpaceX（太空探索技术公司）是一家广泛使用目标成本的企业，其低价格主张完全依靠压低成本。在创立公司以前，埃隆·马斯克花费数月的时间研究制造火箭的各种元素，然后做出了一张关于制造和发射火箭的成本预算表格。相关行业的退休专家们帮他重新修改和细化了预算，直至打造出一个可行的方案。[7]

企业成立以后规定，任何超出 1 万美元的费用，都必须由马斯克本人亲自签署同意，并设置了严格的目标成本，其中包括用1万美元（他们最后几乎做到了）打造一个火箭的计算系统，而一般该成本超过1000万美元；以及用5000美元制造火箭上部的操纵部件。这个部件最终耗资3900美元——曾经有个供应商向他们报价12万美元。[8]

不仅初创公司可以从目标成本设定中获益，乐高公司从2004年濒临破产转型到如今市值最高的玩具公司，其关键也在于重新关注成本控制，包括恢复严格的目标成本设定。

乐高公司产品开发团队有非常严格的全面生产成本（FMC）目标，包括原材料、模具、包装和设备折旧费。能否满足这些目标成为设计师年终考核的一部分，以确保大家能严肃对待。[9]

SpaceX和乐高的例子也告诉我们关于目标成本和降低成本的另一关键点。成功的秘诀往往就是坚持和个人责任感，如已退休的成本经理安德鲁·威尔曼所说："严格的成本管理必须要有一个主要的负责人，如果组织里的员工认为，你会一直过问，直至得到最好答案，员工们就会拿出好答案。但若想让员工树立这种信念，你必须靠坚韧和专一。"[10]

特斯拉公司成立初期，时任CEO是马丁·艾伯哈德，一位投资人派出的专家在考察公司时发现，生产成本已经飙升到失控。每辆电动车的生产成本显然已经超过20万美元——比销售价格高出两倍。董事会随即解雇了CEO，一项严格的降低成本计划马上付诸实施。

每星期四早上7点，员工们会收到一份材料更新清单，标有每个部件的当前成本以及计划降低的成本。这些成本每个月都会检查追踪，如果员工没有达到目标，后果很严重。[11]

如果一个组织希望员工省钱，领导者必须以身作则。在这方面，没有比宜家创始人英格瓦·坎普拉德更有说服力了，这位亿万富翁意识到领导者必须树立榜样，他出行坐经济舱、穿二手衣服，甚至在去发展中国家出差时顺便理发来省钱。[12]

在他的"宜家圣经"——家具业者的"圣约书"中，坎普拉德详述了他的哲学："我们一次又一次地证明，可以利用有限的资源或较少的花费得到很好的结果……在宜家，浪费资源是一种罪过。解决任何问题的任何昂贵方案都是平庸的。"[13]

亚尔根·克努德斯道普在扭转乐高公司颓势时也采取了类似的方法。他认为"蛇打七寸"至关重要，只有这样才能实现必要的成本削减，避免破产。

他关闭了原先的办公场所，把员工移到更小的空间，因为他认为巨大的空间让员工有丰裕之感。他还把公司总部卖掉，把领导团队搬到一个包装车间，以强调资金紧张的意识，并将领导专用车改为中档的雪铁龙。[14]

减少浪费

如果在成本管理讨论中不谈及丰田的精益生产模式，则是不完整的讨论。丰田精益生产模式是一个革命性的变革，让丰田以极低的成本制定了新的质量标准。

精益生产的中心议题是持续努力消除浪费，任何对最终产品无增值作用的操作，都被视为浪费。[15]浪费有四种常见来源：

- 生产过剩——制造和储存多余存货的成本是一种浪费。
- 等待——支付给工作不饱和员工薪水是一种浪费。
- 过度处理或错误处理——低效的流程消耗时间，流程管理不当会导致有缺陷的产品，产品质量过高则浪费资源。
- 缺陷——有缺陷的零件的生产极具破坏性并浪费时间。

最后一点——缺陷——是在我职业生涯中看得最清楚的。随着项目的进展，纠正错误的成本会越来越高。组装过程中发现的缺陷会减慢生产速度，但仍然比发给客户一个缺陷产品付出的代价要小。内部设计缺陷可能会导致全部产品召回，如果缺陷贯穿始终，甚至会付出产品完全报废的代价。

一个简单的降低成本的方法是尽早解决潜在的问题。对于制造商来说，这意味着在原材料到达工厂时就开始检查材料质量，而不是等到成品下线之后再检查。

请将这一理念延伸至整个生产过程。产品研发团队也应该使用基本的检查清单来排除不成熟想法，只要发现想法可行，迅速制造出低成本的原型或测试计划。这些简单的步骤可以避免最大的浪费——创造出不理想的产品。

成本结构

网格将固定成本和可变成本分开的原因是，在商业决策过程中，理解这两者之间的相互作用非常重要。来看一个收支平衡的等式，一个计算任何产品的可行性的重要公式。

$$收支平衡 = \frac{固定成本}{价格-可变成本} = \frac{\$50000}{\$10-\$8} = 25000 \text{ 单位}$$

当销售额足以弥补固定成本时，就会达到收支平衡。在上面的例子中，每单位产品的利润为 2 美元（10 美元价格减去 8 美元的可变成本），也就是说必须要售出 25000 个单位才能弥补 50000 美元的固定成本，之后多卖出的单位就是企业的利润。

如公式所示，价格和成本变化对利润率有着极大的影响，因为它们会打破收支平衡。同样是上面的例子，50 美分的价格上涨，意味着少卖 5000 单位就可以盈利。

然而，在公式里也可以看到固定成本和可变成本的比例改变将如何影响盈利。固定成本低、可变成本高的公司会更早打破等式，但之后产生的利润会更低。相对来说，固定成本高、可变成本低的公司需要更长时间打破平衡，但之后会产生更高的利润。

成本结构，即固定成本和可变成本的比例非常关键，因为它有着非常大的影响力，包括对什么产品可以盈利，谁是竞争对手，在哪个价位，以及适应能力等各个方面。为了更好地说明这一点，我们假设有两家企业以完全不同的方法获得同样的利润。

马特蜡烛店从三个不同的供应商处购买成品蜡、烛芯和包装，也就是说，马特蜡烛店的固定成本较低——不需要工厂或工作人员来生产这些产品。然而，因为每个供应商都有固定成本而且必须赚取利润，和自主生产相比，马特要支付更多的钱来购买这些组件。

路易莎蜡烛店经营方法完全不同。他们一切都是自己动手，这就是说他们有着更高的固定成本——他们有自己的机器和工作人员生产烛芯、蜡和包装，但可变成本更低，因为他们不用付钱给供应商来购买这些组件。

这两种成本结构的差异，即所谓的经营杠杆，对产品和价格策略，以及价格变化如何影响两家公司等，都有着深刻的影响。

马特的公司必须支付更多的成本给供应商，他的利润——每笔销售额减去固定成本的数字——比路易莎要少。因为每笔销售的利润较少，如果价格下跌，他需要卖出更多蜡烛才能保持同样的利润。

相比之下，路易莎的公司利润率要高很多。虽然两个企业都不希望价格下跌，但如果竞争基于价格，路易莎的公司应该更容易维持利润率。

如果价格保持不变而需求大幅下降，马特蜡烛店的日子会更好过一些，因为他的固定成本较低。如果他要转换跑道，也会更容易一些，因为他只需停止购买蜡烛组件，开始买别的产品即可。

这两个简单的关于成本结构的例子解释了为什么主打价格优势牌（或性价比较高）并且需要高销售额的企业往往倾向于垂直整

合——自主生产而不是从供应商处购买。

一个可以说明这种逻辑的例子是Harry's——一家提供物美价廉的男士剃须产品的公司。为了实现这种质量和价格的组合，它做出了两个关键的生产/购买决策。

第一个决策是只通过官方网站直接销售产品，而不用支付零售商的囤货费用，这减少了每笔销售的可变成本。第二个决策是在德国买了一家从1920年开始就生产剃须刀的工厂。[16]

Harry's通过自己制造剃须刀，取得了对产品质量和成本结构的完全掌控，在成本结构中，他们的固定成本较高（因为他们拥有一个工厂），但可变成本较低（因为他们不用从供应商那里购买成品）。因此每笔销售的利润率都较高，同时排除了供应商抬价或成为对手的可能——供应商可能将自己的产品投放到市场上。

重点值得反复强调。成本结构对可盈利的产品有着强大的影响，还会影响对手是谁、在什么价位以及适应能力。幸运的是，你可以——在某种程度上——决定成本结构的模样，因为它取决于是自主生产还是付钱让供应商生产。

假设你正在创办一个咨询企业。一开始需求可能还不稳定——也许你会在淡季之后迎来旺季。在这种情况下，你希望成本成为变量，因为可以随着需求上升或下降。

首先可以建立一个业务代表网络——独立咨询业者非常热爱自由项目。这会让你的人工变为可变成本，因为你只需按照他们的工作量支付薪酬，但利润率将相对较低。

但当业务成长或需求稳定时,你可能会用相比独立咨询师较低的薪酬雇用全职员工。这将使成本固定,因为无论全职员工是否有活干你都必须支付薪酬,但当他们有任务时,你的利润率将更高。

不是所有的生产/购买决策都会影响成本结构,如果产生了影响,则必须从多角度来审视决策,网格可以帮助你实现这一点。下面是要考虑的关键元素。

总体拥有成本和规模经济

供应商可能会以比你低得多的成本完成某项活动;它们的规模会形成你永远无法匹敌的规模经济效应,或者它们可能在一个低成本的地区经营;也有可能你缺乏资金而根本无力自主经营。

在考虑外包选项时,必须计算总体拥有成本(TCO),而不是仅仅查看账面数字。可变成本会发生什么变化?会上升还是下降?固定成本和资本开支会发生什么变化?请记住,除非公司裁员或把机器卖掉,现实世界中外包不会带来真正的成本降低。

议价能力

议价能力的改变是外包带来的长期风险。如果你失去执行某种活动的能力,一旦产生依赖,供应商就可能提高价格。供应商还可能通过合作获取经验,未来成为你的直接竞争对手。高转换成本可能成为你的枷锁,即使情况不利也无法脱身。在决定外包之前,需要考虑以上这些关键因素。

可复制性

在外包一项业务之前,应该考虑这样做是否会对可复制性产生影响。如果产品直观简单,将其外包给低成本供应商风险不大。然而,如果外包出去的工作是在竞争中起关键作用的部分,那么外包会削弱你的竞争力。如果市场上所有玩家都把业务外包给同一供应商,那就根本没有长期优势可言——不论是成本还是其他方面。

产品

把最重要的事情留到最后,你必须考虑清楚外包会对产品有什么样的影响。如果外包供应商破产了,你是否就无法提供服务了?如果外包供应商的服务水准或产品质量受损,是否会损坏你自己的主张或客户体验?如果外包和你的产品有冲突,就是一个错误的决定。

成本管理

企业很容易让成本失控。钱多的时候,人很容易迷失。而当企业把重点放在扩张上时,成本管理总是退居次席。如果企业生产的产品是高价优质的,它潜意识里会把这种消费观带入自身开支当中,造成很多不必要的浪费。[17]

此时,也很容易出现"由奢入俭难"的情况。一旦某个特别预算或福利成为习惯,它就成了一种预期,而不是特殊,就很难再撤回。

一个运行良好的企业往往将重点放在谨慎的日常成本管理上,而不是铺张浪费之后再回头搞成本大削减。如果一项开支已经形成，将很难把它削减掉，还不如从一开始就防止这项开支的出现。如果企业处在一个成本开始螺旋式上升或似乎有机会降低成本的状态，以下准则可能会有用。

数据非常关键

我们在本章前面讲过特斯拉和乐高都存在成本问题——数据和报告不佳。在特斯拉的例子里，人们不喜欢有软件跟踪成本，所以不愿意用，而另一些人则对自己的成本一头雾水。

当杰斯珀·欧文森2013年就任乐高公司CFO（首席财务官）时，他发现整个公司的财务非常混乱。公司没有智能会计系统，因此对公司是否盈利毫无概念。他们不知道单个产品的制造成本，也不知道一整套产品是否盈利。与此同时，公司的现金流为-1.6亿美元，并拖欠着8亿美元的债务。[18] 心中有数方可开始管理。如果根本不了解成本，控制则无从谈起。

优先级排序

当确定了降低成本的领域，则需要对它们进行优先级排序。安德鲁·威尔曼在其著作《压低成本》（*Driving Down Cost*）一书中推荐了一个简单的方法。他建议用一个2×2的矩阵把降低成本的简单优先级次序排列出来（见下表）。

潜在成本影响

	高	低
快速/简单	优先级 1	优先级 2
慢速/困难	优先级 3	优先级 4

（未来实施计划）

左上方是最明显的优先级最高的事项，因为它们的回报率最高，并且最容易实现。其次是右上方，也可以直接实现。然后是左下角，从收益来看，付出是值得的。最后是右下角，很有可能得不偿失。[19]

要考虑网格的其他元素

从网格的其余元素来看，削减成本并不能以损害其他元素为代价。一个经典的警示故事来自客服中心，将客服中心外包到成本较低的国家曾经风靡一时，但却造成了客户满意度的持续下降，结果是拥有本土客服中心成了一个卖点。还有一点非常重要，要确保降低成本并不会造成未来的投资不足。一如既往，网格给我们的启示是采取较为平衡的观点，并从企业整体角度进行思考。

资本支出

目前为止我们一直在讨论运营支出，现在来看看资本支出。首先，两者有什么区别？

运营支出指的是保持企业日常运营的开支，比如租金、保险或原材料。公司收入扣除这部分运营支出，就产生了年利润的数字。

资本支出是长期性投资，比如机器、电脑设备或购买工厂。它们不会出现在财务报表上，因为成本都分散在多个记账区间。

而资本支出则显示为另一种资产报告——资产负债表——只有其折旧费（这些资产因年数增加而产生的损耗）在财务报表上显示为成本。

例如，我花了2万美元买了一台计算机，在我的资产负债表上显示为一份资产。如果一年后该计算机价值变为1.8万美元，我就把2000元的折旧成本写入年度财务报表，并降低我的资产价值为1.8万美元。

如何判断一份购买是运营支出还是资本支出？答案是看情况。有些企业将资本开支列为预计一年后会产生收入的项目。还有些公司将任何超过一定数目的支出都归类为资本支出。没有一个统一明确的定义，因此一些会计丑闻会涉及资本化运营支出，这不足为奇。

世界通信公司欺诈性地将线路成本——支付给电话公司的费用——重新归类为资本支出，而不是经营支出，来掩盖其利润下降的事实，以保持股价坚挺。当其内部审计团队发现上级虚报38亿美元的运营开支时，历史上最大的会计丑闻之一就此曝光。[20] 公司随之申请破产，[21] CEO伯纳德·埃伯斯被判入狱25年，[22] 愤怒的国会随即通过了《萨班斯-奥克斯利法案》，以阻止再发生类似事件。

评估资本支出有很多方法。没有哪种方法是完美的，所有方法都依靠假设和估计，也并不是所有办法都严格地隶属于会计范畴。有些看上去不错的支出也许毫无意义，有些没有直接量化的支出也许价值非常明显。

我的目标是介绍一种通用方法来构架一个稳健的企业基础。网上有大量优秀的资源从数字上提供帮助，还有一些涉及该主题的优秀图书。我会把焦点放在公式背后的逻辑上，而不是计算本身。

关于资本支出，我建议如下构建企业基础的方法：

1. 考虑约束因素
2. 估算总成本
3. 估算收益
4. 计算投资回报率

1. 考虑约束因素

想象你在经营一个机场，其中一个目标是让到达的乘客能尽快见到等待接机的亲人。这个过程包括边检、取行李，然后通关。你应该把钱投资在哪个环节才能取得最好的效果？

最符合逻辑的答案是找到瓶颈所在，然后先解决瓶颈。如果加快边检速度，却造成取行李处挤满人，则毫无意义。如果行李比乘客早到半个小时，则加快行李传送带的速度也毫无意义——只会让更多的行李堆在传送带上。

这里的思路就是高德拉特博士的约束理论及其在对资本支出进行

优先级排序方面的直接应用。

正如最薄弱的环节决定整个生产链的效率一样，系统的瓶颈限制其整体性能。如果你拥有一个工厂，里面有五台机器，其中一台每天只能生产其他四台一半的零件，这台机器就限制了整个工厂的生产率。改进那些对解除瓶颈不起作用的事务，是一种低效率的资金使用，因为这些改进或成本节约只存在于纸面上，在现实世界并没有意义。

识别约束因素将帮助你对资本支出进行优先级排序。如果你的能力足以超过需求，显然任何增加能力的投资都是浪费。相反，如果你的订单太多，广告支出同样毫无意义：如果你没有能力及时交付这些订单，只会进一步损害客户体验。

虽然对约束理论的详尽阐述不在本章探讨范围，你也不需要成为该理论的大师。[23] 你只要知道约束会带来更好的投资建议，可以把无用的想法扼杀在摇篮里，并且可以让人们把自己看成整体的一部分——所有结果都是积极的。

2. 估算总成本

当你通过约束测试后，下一步是估算需要付出的总成本。确保其中包括所有投资有效寿命期内的持续成本：维修、安装、培训、员工休假等等。

在估算设备可用年限和总成本时，请尽可能彻底和详尽。如有可能，可以从做出过类似采购的人那里寻求经验和帮助。

3. 预算收益

这是最困难的一步，因为未来天生具有不确定性，收益很难量化。一些投资有助于经营合规化和规避不可接受的风险，这些投资是必要的，哪怕它们的账面回报率为负。网格在这一点上会对你有所帮助，因为它可以让你仔细思考投资对每一个元素的影响。

假设你是一家银行，想重新设计网站，让在线申请按揭贷款更容易，可以从评估新设计将潜在顾客转化为客户产生的影响开始，也可以考虑如果新网站产生了良好的口碑，可能会如何影响认知度。接下来还可以评估这些改进会如何影响总销售额，然后可以开始关注成本。你的投资能帮你把客户转移到更低成本的渠道，从而达到省钱的目的吗？按照网格的顺序一个方格一个方格地思考，可以帮助你确定改进的收益。

4. 计算投资回报率

了解了成本和收益后，最后一步是计算投资回报率。最常用的方法是回收期法和净现值法。[24] 即使你从未进行过这些计算，理解它们也是有用的，因为它可以让你了解财务团队是如何决定批准项目的。

回收期法

这是见效最快但效应最小的方法，用总现金支出除以每年产生的额外现金，来计算何时可以收回投资。比如我投资 300 万美元买了一台新机器，可以让我每年省 100 万美元现金，投资回收期则为 3 年。

回收期法可以迅速了解一项投资是否可以在一个合理的时间段内

收回成本，并且可以用来比较不同方案的优劣。但是这种方法并没有告诉你实际得到的回报，或者对于企业来说该回报率是否可以接受。

净现值法

净现值法更为有用，是因为它提供了一个实际回报率数字，并告知是否达到了公司的最低资本回报率目标。

最低资本回报率是公司财务部门批准的投资必须产生的最低回报。它是企业必须产生的、能够让投资人满意的回报，比如股东或者贷方。公司可能会根据不同的风险，设置不同的最低资本回报率。

该方法被称为净现值法，因为它把投资在未来几年会产生的现金值转化为你现在拥有它的价值。

如果净现值为正数，该项目预期产生的回报应该会超过最低资本回报率，有很大的机会被批准。如果净现值为零或负数，预期回报则无法超过最低回报，企业最好把钱投资别处。

再比如，如果你的财务团队计算出净现值为 5 万美元，这说明你的投资超出最低回报 5 万美元。不难理解，执行净现值计算的公式相当复杂，所有 Excel 表格专门有一个净现值函数，并且有许多在线计算工具或手机应用，因此你不必自己来算。

显然，这种方法与任何其他方法一样，并非完美。首先，无论程序的逻辑多么准确，如果输入无效，结果都将是不正确的。一个精确的回报率数字并不一定正确，因为等式建立在假设和估算的基础上。保守估算并且测试不同的假设集合——如更高的成本以及更低的收益——将帮助你预计投资是否仍然有利。

其次，数字可以被篡改和做手脚，让总数过得去。我的一位朋友的前一家公司的首席财务官曾经问过这样的问题："你想让表上的数字是红还是黑？"

如果在最低资本回报率、估算现金流和最初支出等数字上做手脚，让一个项目看起来有吸引力并不难。唯一的解决方法是，让财务严格地审查方案并带着怀疑一切的精神质疑所有假设。

最后，如约束理论所说，账面上总数看上去合理并不意味着现实世界中真的会有所回报。如果所有的投资和计划都无法跨越瓶颈，可能根本就不会有收益。请牢记这一点。

关键问题

固定成本

- 企业最大的固定成本是什么？这些成本是否能够削减？
- 劳动力成本是否得到严格控制？

可变成本

- 是否有专人负责降低成本？
- 运营中哪一项可以消灭浪费？

成本结构

- 考虑到产品、价格和数量，你的企业的最佳成本结构是什么？随着时间的推移该结构会有何改变？
- 你的成本结构如何影响网格中的其他元素，如竞争、可复制性或适应性？
- 当前的成本结构是否会限制战略选项？

成本管理

- 管理层是否能够做出关于成本的明智决策？
- 降低成本的决策会对网格其余元素产生什么样的影响？

资本支出

- 什么是企业的关键限制？投资对它有影响吗？
- 支出的好处是什么？这种好处在整个投资周期中如何转换成现金？
- 投资回报率将会是多少？

	希求性	盈利性	长期性
客户	**需求** ● 价值和信念 ● 目标 ● 壁垒	**收入** ● 收入模式 ● 价格 ● 销量（数目和频率）	**客户群** ● 认知度 ● 获取 ● 保留
市场	**竞争对手** ● 品类 ● 地域 ● 替代者和取代者	**议价能力** ● 与客户 ● 与供应商 ● 规则和法规	**可复制性** ● 法律保护 ● 持久优势 ● 竞争者滞后
组织	**产品** ● 主张 ● 客户体验 ● 品牌吸引	**成本** ● 可变成本 ● 固定成本 ● 资本支出	**适应性** ● 现金状况 ● 可扩展性或能力 ● 复杂度和僵化度

第十章

客户群：有效提高利润率的运营动作

企业失败原因有二，要么是企业离开了客户，要么就是客户离开了企业。这是企业历史学家理查德·泰德罗得出的结论，很难反驳。[1]健康的客户群是任何企业保持长期竞争力的关键。但是如何在现实中建立一个健康的客户群？有三大不断变化的元素需要考虑。

第一，客户无法购买自己不知道的东西，就算他们之前买过，也很容易忘记。建立和保持品牌**认知度**是很重要的行动。

第二，这种知名度应该会有助于**获得**新客户。没有获得，就没有一开始的客户群，而如果不继续赢得新客户，企业成长机会则会受限。

第三，如果现有客户离开的速度和新客户加入的速度相同，那么客户群将处于停滞状态。**保留**——努力留住客户——也是一个需要重点考虑的元素。

认知度

2004 年，有两家公司都推出了记录运动的可穿戴摄像头：GoPro 和 Contour 公司。但两家公司却命运迥异，GoPro 创始人尼可·伍德曼成为亿万富翁，[2] Contour 却彻底倒闭。是什么造成了这种差距？

"我们把资金都投注在伟大的产品和分销上，没什么钱留给和 GoPro 的营销竞赛。"Contour 创始人马克·巴罗斯是这么解释的，"我得到了非常惨痛的教训……最好的产品并不总是赢家，尽人皆知的产品才是。"[3]

人们如果不知道一样产品的存在，就不会购买，并且我们本能地喜欢更熟悉的产品。正如 GoPro 的例子，客户选择一件产品的理由可能就是他们听得更多而已。

如果你在提高认知度上面投了不少资金但销售额仍然不理想，应该可以得出结论是人们不需要你的产品。而在得出这个结论之前，请确保你的广告是有效的。请参考以下简单的准则。

有明确的目标和可衡量的成功标准

有效的沟通始于明确的目标：告知、说服或鼓励采取某个行动。在进行任何交流工作之前，必须清楚你想要达到的目标以及如何衡量成功。

在很多情况下，这种目标感往往是缺失的，甚至在一个投资数百万美元的营销活动中或者在你重新设计网站时也是如此。而没有目标的指引，你会把现金乱投一气，完全不知道自己是否会成功。

心中有明确的受众

在 20 世纪 90 年代初，很少有人知道微处理器。有一个品牌看到了这个机会，决定将营销重点放在消费者本身，而不仅仅是计算机制造商身上。

这个品牌就是英特尔，其著名的"Intel Inside"营销活动让它成为历史上最成功的企业之一。短短数年，英特尔和奔腾（英特尔最重要的产品线）进入了寻常百姓家。买家们都嚷着要贴着英特尔标志的机器，无论他们是否知道什么是半导体——这正是英特尔专注于客户群的明显结果。

创建独特的资产

独特的外观会帮助客户一眼就注意到你的产品，并且之后也会认识。独特的资产可以是任何帮助你脱颖而出的方面，比如商标、颜色或名字。

理想情况下，你应该创造出被劳拉·里斯称为"视觉锤"（visiual hammer）的产品，让品牌牢记在客户头脑中。易捷航空公司的橙色、麦当劳的金色拱门和清风房车（Airstream）的镀铬亮面等都是很好的例子。[4]

我所认识的一位品牌总监有一个简单的方法，称为标志互换测试。把你的产品的包装、广告或网站换成竞争对手的标志，看看会发生什么。如果看上去很和谐，一点也不混乱或别扭，那说明你的产品还不够鲜明和独特。[5]

增加自己的存在感

最近有一次当我回到家时，发现门把手上挂着一张奇怪的广告。上面是一张很大的照片，照片里一个婴儿穿着厨师衣服，坐在一口锅里，周围一圈都是新鲜蔬菜。上面的标题是：在您的邻里间什么是带有家庭价值观的烹饪？

不会有人联想到这是个房地产广告，而是会联想到婴儿、做饭、做饭的婴儿，没有一样和房地产宣传有关。这是一个令人惊讶的常见错误。请确保传达给客户的信息和自己相关，即你的品类、产品和品牌，而不是别的。我之所以多看了这张广告一秒钟，是因为我一直在寻找新鲜的案例研究！

管理期望值

客户满意度由期望值塑造，而客户期望值主要由他们正在打交道的产品或组织创造。承诺的和实际体验到的如果不匹配，将会产生灾难性的后果。

我知道有一家公司推出的营销口号是，它的服务工程师可以在平均4小时内上门服务。客户会记住"4小时"这个点，而忽略这是平均上门时间，因此如果比 4 小时慢一点，客户会感觉失望，而有一半的次数都会比 4 小时慢。

如果这家公司承诺 6 小时内一定能够上门服务，效果会更好，因为他们一定能够做到。所以请经常确认传达出去的信息实际上能否实现，这一点很重要。

传达简单的信息

如果产品非常有吸引力，但沟通不够有效，这是非常浪费和可惜的事。而很多时候，尤其在社交媒体上，广告甚至不告诉潜在客户真正的产品到底是什么或做什么。只有知名度非常高的品牌才能承担这种风险。

传达一个主张时，要集中宣传关键卖点，这一点也至关重要。不要列出每一个脑中跳出的卖点。宣传得越宽泛，记住的越少。我的一个朋友是这样说的："如果一次只扔给我一个橘子，那每一个橘子我都可以接住；如果一次扔给我 10 个橘子，我一个也接不住。"[6]

苹果公司一直以卓越的产品营销著称，在发布苹果手表时也犯了这个错误。苹果手表同时被定位为健身追踪设备、身份的象征、时尚配件、新式沟通方法、信息传递工具和手表。价格也从 349 美元到 1.7 万美元不等。[7]

问题有两个。首先，传达的信息让人迷惑。如果我要寻找一款健身追踪工具，那我是不是不小心买了个身份象征？如果信息传递是关键卖点，那产品为什么要卖这么贵？每条信息都彼此冲突。

第二，不同的卖点都有不同的竞争对手来和苹果手表比较。想买健身手环的人会考虑 Fitbit——一个具有强大卖点的产品，它具有低调的手环外观、良好的电池寿命、防水和价格实惠等优点。那些想要一个身份象征的人更会考虑卡地亚或劳力士等更传统历史更悠久的产品。苹果手表宣传了那么多卖点，每一条都不突出。在很多情况下，客户很容易做出别的选择。

与之相对比的正面例子有男士衬衫品牌 Marine Layer（"柔软到荒谬的衬衫"[8]）、冥想减压应用 Headspace（"冥想让生活简单"[9]），甚至最初的 iPod（"把一千首歌装进口袋"[10]），等等。苹果手表遇到的挑战很清楚：最吸引人的卖点还没找到。理想情况下我们只需要用一两句简单的话宣传产品。

苹果公司显然已经意识到这个问题。二代苹果手表提出了更具体的卖点，主打健康和健身，并包括和耐克建立的合作关系。同时也依然包括奢侈元素——和爱马仕合作以及陶瓷外壳，而最高端产品的价格目前是 1499 美元，不再是 1.7 万美元。[11] 苹果公司这次传达的信息比我想象中要简单很多，我觉得这将让产品更具吸引力。

找到扳机

人们可能觉得你的产品还不错，但当需要时还是想不起你的产品来。这在需要客户改变固有的消费习惯时特别常见。在这种情况下，必须找到客户行动的信号点，并在这些时间点和地点上尽可能地提高品牌认知度。[12]

厨浴配件制造商 Simplehuman 有一个移动应用程序,可以让用户随时订购垃圾袋。公司不用发送电子邮件广告或传单,而是在应用里植入广告,如果购买垃圾桶则免费赠送垃圾袋。这种方法会在完美的时刻——当客户要更换垃圾袋时——提醒用户打开应用。

情感联系

数字和业绩太抽象了,无法吸引人。事实和产品细节可能会激发我们的兴趣,但无法让我们感动。如果想让人们有所行动,需要激起他们的情感共鸣。

社会革命活动家克里斯汀·格林提供了一个实现这一目标的简单的指南:唤起可以激发兴趣的情绪:希望、愤怒、骄傲、欣赏或快乐,而不是让人消极的情绪:内疚、恐惧或耻辱。[13]

保险公司总是用对失去的恐惧或冷漠的数字作为销售手段,哪一种都不太有效。政府员工保险公司(GEICO)则采取了不同的方法,它通过有趣的广告来进行宣传,成功抓住了观众的眼球。[14]自从1994年以来,这家公司从全美同行业排名第八上升到第二。[15]

英国境外汇款服务公司 TransferWise 则唤起了公众另一种强烈情绪——愤怒,迫使公众采取行动。通过提醒人们银行收取的各种隐性费用,公司把自己塑造成一个与银行明显不同的选项。时至今日,该公司已经处理了超过 30 亿英镑的外汇转账。[16]

持续、一致的形象

最后，如果不保持一惯性，很难在客户心中建立起品牌形象：如果你不断改变卖点、风格、外观或色调，或者做一场大的宣传后消失在公众视野，这样是不会得到客户注意的。高性能品牌都保持其一致性，寻找有创意的方法讲述同一个老故事。[17] 只有通过不断重复，品牌才会深深铭刻在客户的心中。

客户获取

在《非传统营销》(*How Brands Grow:What Marketers Don't Know*)一书中，拜伦·夏普解释了为什么在他看来，获得新客户比保留老客户会为品牌带来更大的机会。他说，想象自己是一个汽车制造商，即便一半的客户在换车时会选择别的品牌，你依然可以保持稳定的2%的市场份额。

可以理解你会把重点放在保留老客户上来提高市场地位。如果你这么做了，并且做到了，你留住了那50%的客户。这个成果非常伟大，但是，夏普指出，这只带来1%的市场份额增长（从2%增加到3%），即使你留住了每一位老客户，这是你能得到的最好结果。

现在来看获取新客户。如果同品类中一般的新车买家在每次购买新车时都更换品牌，那意味着整个市场的50%都处于争夺中。获得新客户显然比保留老客户有更大的增长机会。在这个简单的例子里，这个机会增加了50倍。[18]

"无数市场已经证明，获取新客户比改正缺点所带来的潜在收益要大得多。"夏普说。[19] 根据不同产业的研究报告，他总结出一个规律，在几乎每一个案例里，"良好的客户获取导致了增长，而糟糕的客户获取导致了下滑"。[20]

他还指出，新客户相比老客户传播口碑更有力，因为品牌或产品对于他们来说是全新的，更有可能在话题中谈及，对老客户来说则已经是老话题了。[21]

我有一个切身的例子。最近我买了一副 Bose 降噪耳机，在飞机上我震惊于它的降噪功能，飞机上的背景噪声几乎完全听不到。当我和朋友夸赞 Bose 耳机时，朋友的脸上露出一丝意味深长的笑意——他拥有 Bose 耳机已经很多年，根本想不到要提起。

夏普的研究对市场营销业者有若干启示。

首先，获取新客户不仅对维护品牌非常重要，更有利于企业成长。总会有一些老客户出于无法控制的原因而离开，那些明确以吸引新客户为目标的营销活动——根据夏普的研究——更有可能改进关键性指标，如销售额和利润等。[22]

其次，你应该尝试接近那些边缘的或购买频率不那么高的客户，因为在任何市场里，他们都是一个非常大的群体。为了提醒这些客户你的存在，必须要有非常密集而广泛的广告投放。[23]

最后，对忠实客户再进行市场影响毫无意义，因为这些客户的行为已经不太可能改变。"在忠实客户中过度投资，而忽略接触全新买家是一个常见的错误。"夏普说。[24]

将重点放在获取新客户上可能是企业发展壮大的关键。如果你已经将精力投入获取新客户上，如果你的信息沟通非常清楚而吸引人，如果这样还是没有吸引到新客户，那么问题很有可能出在基本的主张上，需要重新研究网格中的"希求性"一列，找到问题的根本所在并着手解决。

客户保留

获取新客户只是革命的一半，拥有客户之后还要留住他们，和夏普的观点不同，很多人认为焦点应更偏向保留客户。有三个论点最为普遍。

第一，跟新客户相比，现有客户的销售成本更低；第二，现有客户购买时会消费更多；第三，如果想让客户忠诚于你，你也应该忠诚于他们作为回报。

从概念上来说，"忠诚"和"保留"犹如连体婴般紧密相连，一个激情而忠诚的客户群是许多营销业者追求的圣杯。然而在现实世界，对一个品牌的忠诚和对丈夫、妻子、球队的忠诚是不一样的。不应该期望客户也遵循商品的一夫一妻制。在品牌里，忠诚不是奉献，而更是一种倾向——略有偏好，而不是直接拒绝其他选项。

大多数客户都有一种默认倾向，因为我们是习惯性生物，讨厌风险和麻烦。我买同一家宠物保险公司的保险多年，并不是因为我忠于他们的品牌，而是保险每年都会自动续费，价格似乎也公道，我也不想四处比较。这更像是一场彼此方便的婚姻，而不是出于真诚的浪漫。

从我的例子可以看出，客户不必非得对产品充满热情才能留住。只需给他们留下的理由，同时尽量杜绝离开的理由。这两者都可以设计到产品当中。以下方法供参考。

保留 / 忠诚度计划

最常见的提高忠诚度的方法是实施某种形式的奖励计划。比如积点（如飞行常客奖励）、下次购买折扣（买九杯咖啡，第十杯免费），或取得特权（VIP活动，高级服务或会员优先体验等）。[25]

奖励计划的拥护者指出两个重要好处。第一，如果对客户实施奖励，客户会消费得更多，或者更偏向选择你的品牌。第二，从买家数据收集到的信息可以帮助你更好地进行促销活动、确认新的产品机遇以及加强决策。[26]

化妆品购物品牌丝芙兰的忠实客户计划"美丽内参"是一个很好的例子。他们采用了点数代币的方法，客户只要每年花费超过1000美元，即可成为VIB红色会员，享有独家专享服务。公司还利用该计划的数据为客户推荐相关产品来增强客户体验。根据丝芙兰互动媒体副总裁布里琪·多兰介绍，80%的交易都是通过"美丽内参"进行的。[27]

然而，忠诚计划并不是没有缺点。有些人认为该计划并没有真正增加忠诚度——人们只是持有经常购买的品牌的优惠卡而已。而一旦开启忠诚项目就很难关闭，管理的成本会持续增加，并且该成本通常被低估。[28] 此外，凯捷管理顾问公司（Capgemini）的调查表明，89%的社交媒体对忠诚计划都持负面态度，通常是因为奖励和客户关联不大或者客户体验较差。不论初衷如何好，企业在执行时总是困难重重。[29]

评论家们坚定地认为奖励计划会削弱潜在的利润，客户本来愿意支付全价，不需要这些奖励计划，难怪拜伦·夏普是一个坚定的反对者。他的理由也合乎逻辑。

他指出，最忠诚的买家是那些一开始就注意到有忠诚计划的客户。通常，只有已经购买了产品的客户才会看到成为会员的好处，但同时也限制了这些客户购买力的持续增长。

此外，从经济角度看，加入忠诚计划的客户往往是购买力最强的买家，他们会因为已经做的事情得到奖励。如果客户真正忠诚，无论怎样都会持续购买。夏普认为，实施一个忠诚计划，会让公司不必要地降低回头客带来的利润。[30]

星巴克分析与业务部门总监乔·拉谷纳认为，忠诚计划的优缺点可以进行调和。2013年的一次大型数据会议上，他解释说星巴克利用忠诚计划的数据来奖励他们认为可能不会回头的客户，而不是最忠诚的客户。讲到奖励星巴克的超级忠实客户，他打趣道："我们为什么还要给他们折扣啊？"[31]

合同条款

忠诚计划不是阻止客户离开的唯一方法，你还可以采用——根据你提供的产品和服务——合同条款来惩罚转换服务的客户，如取消优惠、最低合约期、长期合约价格更低等等——这些都是企业用来阻止客户叛逃的策略。

然而，这些措施具有降低客户体验的风险，会招致反感并导致负面口碑。如果你只能靠条条框框来蒙蔽和留住客户，是时候重新思考你的产品和服务了。

个性化

客户在为自己量身定做的产品身上投资越多，他们放弃该产品的可能性就越小。客户不愿意改变银行的一个明显的原因是，他们的账户都已经建立好，所有细节信息都已经存好。同样，我也不愿意离开Spotify，因为我不想重建播放列表。通过鼓励客户将你的服务按照他们自己的需求进行配置，他们就不会轻易离开。

追加销售和交叉销售

让现有客户增加消费的一个简单方法是引入互补产品或将产品范围扩展到相邻品类，尤其是购买频率不高的产品。电钻公司牧田（Makita）的产品非常优秀，他们的电钻以质量和耐用闻名。他们保留客户的方法不是让客户每年都买一个新电钻——计划报废与他们公司的理念背道而驰。

牧田公司采取的最佳策略是生产与电钻互补或额外的产品——比如旋转锯子或拆卸锤——让客户一起购买。创造交叉销售的机会是一种直截了当的方式，可以让现有客户购买多种产品或服务。

生态系统和减少互操作

交叉销售的进一步是把产品融入一个生态系统，所有的部件都可以在其中配合在一起，客户的转换成本上升，离开的可能性下降。这就是为什么产品捆绑已经形成常态，尤其当单个产品彼此同属一体时。

另一项相关技术是减少互补产品的互操作性。佳能镜头无法在尼康相机上使用。某些设备使用专用的电缆或插座设计，或需要特殊的工具来处理。有些电脑游戏只能在某些平台上玩。

所有这些技巧都是为了增加客户的转换成本。你需要注意的是，要让客户获得的好处永远超过可能招致的挫败感，因为客户可能会对这种有意锁定的做法产生反感。

习惯形成

能够让客户形成习惯的产品将从客户的高重复使用中受益，并且客户无须提醒就会回购。让人担忧的是道德问题，设计一个令人上瘾的产品是正确的吗？系统化地在食品里制造"餍足点"（bliss point），让客户总是对其充满渴望，却全然不顾是否有利于健康，这样做是正确的吗？管理者、监管者和消费者都应该参与到这一重要讨论中来。

尽管如此，习惯和自发行为是人类内在的一部分，显然并非所有这样的行为都是"坏的"。没有理由指责某些习惯不能帮助人们改善健康、节省钱财、随时行善或任何其他积极的结果。

增加满意度，还是增加希求性？

最后还有一点很重要，满意度和忠诚度之间有一个不容置疑的关系。如果想让客户忠诚，就需要增加他们的满意度，至少大家都是这么想的。因为我曾经写过一本书专门探讨客户体验，你会认为我会完全同意这个观点，其实不然。

令人满意的体验意味着客户更有可能回来或一直留在这里，如果客户留存率下降，你可以从满意度评分入手，看看如何改善客户体验。但这里存在一个将复杂问题简单化的风险。

在 iPhone 之前，我对我的摩托罗拉 Razr 手机很满意。在 Bose 耳机之前，我对我的 Shure 耳机很满意。在 Instagram（照片墙）出现之前，我对 Flickr（图片分享网站）很满意。对一个产品非常满意并不意味着我不会对别的产品更满意。

不只我一个人这样认为。20 世纪 80 年代末，雷·科德布莱斯基还在美国电话电报公司工作时也得出了类似的结论。一年内他们发出了 6 万份调查问卷，95% 的客户都表示很满意，而当年的市场份额却下降了 6%（价值 36 亿美元）。[32]

在进一步数据分析后，他得出了两个关键结论。首先，在满意度分数低于"优秀"的客户中，愿意回购的客户数量急剧减少。他还发现只有将美国电话电报公司评为"真正卓越"的客户才有接近忠诚的表现。换句话说，满意度的微小增长可能根本不够。[33]

其次，满意度上升还是下降并不重要，重要的是和竞争对手相比的表现。[34] 评分上升的同时客户却被竞争对手抢走，这完全可能。

只关注满意度的风险在于，它会蒙蔽你的双眼，看不到其他问题。有时把同一件事做得更好是不够的。如果把焦点放在增加产品的总体希求性上，未来会更有保障。必须经常问自己应该把注意力放在哪里——主张、体验、品牌还是认知——以获得最好的结果。

客户获取与保留——该关注哪个？

高客户获取率代表高认知度、有效的沟通和吸引人的主张。低客户留存率可能代表着满意度低、客户体验不佳、需求发生变化或出现更有竞争力的对手。

要优先解决哪个问题？要发现问题所在必须确保你正在做正确的产品，然后把自己的优势和对手进行对比，来理解客户群的心理动态。有一些常见的指标可以进行参考。

客户（或活跃用户）数量

此项指标就是企业一段时间内的客户或活跃用户的数量。了解客户数量上升还是下降是一个明显的指标，表明留住客户的努力是否有效。

最大的挑战在于，对"客户"由什么构成达成共识，并始终如一地贯彻这一定义。分别以家庭、账户持有人或者保险数量为单位，可能会对数据产生不同的看法，结果也会全然不同。[35]

留存率（以及流失率）

留存率是指那些可以选择离开却选择留下的客户百分比。举例说明，如果 1 万人的手机合同在 6 月到期，其中 7000 人续签合同，那么留存率则为 70%。流失率为离开的客户的比例，本例为 30%。[36]

留存率可以帮助确定现有客户是否满意，提供的客户体验是否足够好以及企业主张是否仍然具有竞争力。

客户收益率

了解从哪些客户身上获益较大，哪些较小，这一点非常有用，因为它可以帮助你确定要获取和保留哪部分客户。

如果服务客户的成本高于从客户身上获得的利润，也许让他们离开会更好。反之，如果发现从某类客户身上得到的利润显著高于其他客户，就应该努力获取更多类似的客户。了解客户的盈利性也有助于打造忠诚计划，以确保不为蝇头小利而做出无谓的妥协。

客户终生价值

了解客户终生价值的目的是计算客户在整个关系持续期间的财务价值。了解客户的典型终生价值可以帮助决定该花多少成本去获取和保留客户。

但是客户终生价值也有其局限性。客户之间终生价值的差异很大，和任何预测方法一样，数字只是估算值，不是实际。[37]

获取和保留成本

获取成本和保留成本的计算方法很简单。用获取新客户的费用除以新客户的数量可得到获取成本，同样的方法可计算保留成本。[38]

从这些数字可以看出营销活动和忠诚计划的有效性，并且可以看出市场条件的变化。例如，如果获取成本上升，也许意味着竞争对手的增加，或者所处品类达到饱和。

难点在于计算每一项成本，以及这两项成本是否真的有明显不同。和许多数据相关的事情一样，理论上听起来容易，实践中却很困难。

需要提醒的是：新客户获取成本对于初创企业来说需要重点关注。太多初创企业在最初的计算中不包括这项成本，等他们意识到这么做时，已经为时已晚，或者在获取到足够数量的客户之前，企业已经将资金耗尽。

应该尝试根据可能的广告成本和转换成本，预先估算客户获取成本，并且将这些因素都包括在收支平衡计算中，这样可以避免未来出现任何意料之外的麻烦。

净推荐值与口碑指数

净推荐值（Net Promoter Score，NPS）是评估客户忠诚度、拥护度和满意度的常用手段，部分原因在于它十分简单。企业只需问客户一个问题：你是否愿意将我们的品牌/产品/服务推荐给朋友或同事？（最低 1 分，满分 10 分）。

打分 9~10 分的人，被归类为推荐者——非常可能做出积极的推荐。打分 7~8 分的人相对消极，而那些打 6 分以下的人被归类为诋毁者——可能会传播负面的评价。你的净推荐值即为，推荐者的百分比减去诋毁者百分比之后得到的数字。[39] 贝恩公司——这一指标的缔造者——认为净推荐值分数和企业有机增长有着一定的关联。[40]

很容易理解为什么这种方法如此受欢迎，然而它也不是完美的。商务顾问拉里·弗里德在调研了数百万客户满意度后总结认为，如将净推荐值作为管理工具是不起作用的。[41] 他在调查中发现，将被调查者简化为三类，会掩盖分数之间的显著差异。那些打 10 分的人比打 9 分的人的购买率高出 57%，尽管他们都只简单地被归类为"推荐者"。[42] 弗里德还发现，真正的诽谤者往往被夸大了 260%~270%。[43]

为了解决净推荐值的固有问题，弗里德提出了一个新的指标——口碑指数（Word of Mouth Index，WOMI）。该指数在净推荐问题以外补充了另一个问题：你是否会劝阻他人购买企业的产品？弗里德认为通过这个附加的问题，可以更好地理解客户真实的口碑行为，从而发现真正的诋毁者。

计算口碑指数很简单。将打 9 分或 10 分推荐分数的人的百分比减去打 9 分或 10 分劝阻分数的人的百分比，就可以得到口碑指数。[44]

口碑指数保持了净推荐值的简单，同时加强了其对企业的价值。然而，弗里德也快速指出，即使是口碑指数也只是一个数字，他极力主张利用不同的资源来检测客户行为并做出明智的决策。这种方法值得反复操作——只有通过跟踪多个指标才能得出一张准确的地图，来确定该在何处集中精力，以及查看客户群的状况是否真正健康。[45]

关键问题

认知度

- 你会通过商标互换测试你的产品认知度吗？你的产品辨识度高吗？
- 你能用几个句子清楚地介绍产品吗？你的表达是否强化了产品卖点？
- 你的表达能否引起情感共鸣？是什么样的情感？

客户获取

- 获取新客户是否优先级更高？
- 销售额中有多大比例来自盈利性较低的买家？

客户保留

- 哪些方法对保留客户的影响最大？
- 能否通过提高满意度以创造真正的忠诚？

获取和保留指标

- 你是否在测量正确的指标?
- 这些指标表示了什么意义?
- 企业最大的商机在哪里?

	希求性	盈利性	长期性
客户	**需求** ● 价值和信念 ● 目标 ● 壁垒	**收入** ● 收入模式 ● 价格 ● 销量（数目和频率）	**客户群** ● 认知度 ● 获取 ● 保留
市场	**竞争对手** ● 品类 ● 地域 ● 替代者和取代者	**议价能力** ● 与客户 ● 与供应商 ● 规则和法规	**可复制性** ● 法律保护 ● 持久优势 ● 竞争者滞后
组织	**产品** ● 主张 ● 客户体验 ● 品牌吸引	**成本** ● 可变成本 ● 固定成本 ● 资本支出	**适应性** ● 现金状况 ● 可扩展性或能力 ● 复杂度和僵化度

第十一章

可复制性：打造产品的"护城河"

当客户对我们的产品有需要时，竞争对手也会想来分一杯羹。当这种情况发生时，我们的未来取决于对手是否能轻易模仿我们，如发生在社交媒体初创公司 Meerkat 身上的例子。

投资者对 Meerkat 的手机在线直播服务非常感兴趣，但是有一点：如果没人看的话直播就毫无意义。为了克服这一壁垒，Meerkat 让用户用推特账户登录。瞧瞧看！一个现成的观众群。但用户算谁的？Meerkat 的还是推特的？

在 Meerkat 宣布已募集 1400 万美元资金的当天，推特发表声明推出类似的服务，名为 Periscope。[1] 不久，推特将趴在其背上的 Meerkat 彻底封锁了。

当周的星期日，Periscope 就进入了应用程序排行榜的前 30 名。

Meerkat 则跌出了前 500 名。[2] 几个月后，Meerkat 彻底投降，不仅失去了与推特竞争的能力，也败给了推出类似产品的脸书。[3]

这个故事告诉我们，如果企业的想法不在竞争对手触手可及的范围，生存将变得相对容易。我们的产品越难模仿越好。如果你的产品只是对手的一个功能，必然不会保持太久。然而，当想法最初成形时，人们往往不会考虑到可复制性这个问题。

一个三管齐下的方法有助于击退模仿者：（1）寻求**法律保护**，如专利、商标和版权；（2）建立**持久优势**，如独特的成本结构或产品生态系统；（3）创造**竞争者滞后**——不断进步，让对手始终瞄着一个移动的目标。

法律保护

几年前有个朋友向我推荐了爱乐压（AeroPress）压滤咖啡机，至今它已经成为我每天生活的一部分。它外表看上去很像一个大针管。混合加入咖啡粉和水，用力向下推动把手，咖啡会通过滤网滴入下面的杯子。

这种设计有几个好处：咖啡的味道非常棒；制作简便，只需一分钟；咖啡粉包用完之后可以直接扔掉，方便又干净。迄今为止，爱乐压咖啡机的销量已经超过百万台。[4]

该设计受专利保护，而且理由很充分——想象如果有人模仿会发生什么？如果这种滤壶越来越受欢迎，其他的制造商可能会纷纷仿制。

到时最大的咖啡品牌也将进入该市场。但是如爱乐压公司的做法所示，如果我们可以行使法律权利防止他人侵权，请务必这样做。

知识产权分为四大类：专利、商业机密、版权和商标。这些价值可以高达公司总资产的40%，因此对每一类都稍做了解十分必要，不只因为这些知识可以从根本上帮助决策，还可以发现可能从未考虑过的机会。[5]

专利

专利禁止他人在专利期内制造、销售或使用一项发明（在未获得许可的情况下）。专利可以用作盾牌或利剑——来防止对手抄袭，或可以用来攻击那些侵权的人。我们也可以授权自己的专利供其他企业使用。

专利为发明服务——典型的有机器、流程或制造技术等——但通常不包括抽象的概念比如数学模型或商业方法。[6] 一个发明要符合专利资格，必须是全新的、非显而易见的，而且必须是保密的。

获得专利需要付出大量的时间和金钱。专家们需要起草文件，并支付相关审核费用。获得某项专利一共需要花费1万到数百万美元。但和用法律手段提告相比，这点成本如九牛一毛。一般的法律案件都会耗资300万~1000万美元，[7] 而只有区区26%的被告能赢得案件。[8]

然而，如果赢了，赔偿金将非常巨大，通常可以达到数十亿美元。这笔巨大的横财导致产生很多"专利流氓"公司，这些非执业实体（NPE）公司购买各种专利，只是为了寻找侵权者然后进行起诉。

拥有专利也不能确保没人抄袭，尤其是当有人认为你付不起诉讼费时。便携式磁带播放器的发明者安德烈亚斯·帕维尔用了很长时间才发现这一点。1997年他获得了设计专利，两年后索尼发布了第一个随身听，经过20年的法庭战争，索尼公司才支付完成本属于帕维尔的数百万美元的专利费，彼时索尼创始人盛田昭夫已经过世。[9] 詹姆斯·戴森也曾经四处寻找制造商生产他发明的无尘袋吸尘器，最后决定自己生产。而当产品成为热门时，他的挑战变为阻止像胡佛（Hoover）这样的厂商侵犯他的专利。[10]

有一部分问题在于，任何人都可以在专利发表后查看该专利，这样竞争对手就可以打该专利的擦边球，设计一个仿制品，或者向未注册该专利的国家的竞争对手泄露相关信息。专利与其说保护一项发明，还不如说实际上更容易让他人模仿。

因此，当一项发明具有极高价值、可见性强、易于模仿或很可能被其他发明者发现时，使用专利最有用。当然，这不是唯一的选择，让一项设计无法逆向工程也可以，还有就是保守秘密。

商业机密

商业机密指的是为企业带来优势的机密信息。[11] 为了防止商业机密泄露，需采用物理性或技术性的安全措施，以及一份保密协议，如若违反将予以处罚。比如，2007年法拉利公司的一名工程师把秘密档案泄露给劲敌迈凯伦公司，法拉利分别在意大利和英国展开起诉。此外，F1管理团队国际汽车联合会（FIA）也对迈凯伦公司处以1亿美元的罚款。[12]

是应该申请专利还是保密？很多人都在纠结于这个决定。专利申请很贵，对所有人公开并最终会过期，保守秘密的成本更低，可以无限期保密。然而，如果有人发现了你的发明，而你没有申请专利，你将不会受到任何法律保护，也因此无法阻止他人的复制。他们甚至可能抄袭后再自己申请专利。

版权

艺术、音乐、电影、写作以及其他创作作品都受版权保护，给予所有者专属的再生产、分销、表演或展示的权利。如果一件作品以一种具体的形式存在，版权就自动无偿授予创造者。

原创作品的定义并不总是简单的，如美国饶舌歌手维尼拉·艾斯的上榜单曲《冰冰宝贝》被认为抄袭皇后乐队和戴维·鲍伊的歌曲《压力之下》。[13] 但是更紧迫的实际问题是版权很难严格执行，尤其是当今数字技术造就了空前规模的盗版现象。

在许多侵权的案例中，严格执行可能根本不现实：比如让一个网站撤下所有版权内容，可能非常困难，或花费时间太长，尤其是如果该网站是在别的国家运行的话。大型组织往往别无选择，只能诉诸法律，但个人有时面对这种无法避免的情况反而带有一种阿Q精神，比如有些音乐家会接受盗版，将其视为一种为现场演唱会打广告的形式。

国与国之间对知识产权的态度也迥然不同。当陆风X7推出时，捷豹陆虎的 CEO 施伟德非常头痛，这款车几乎和揽胜极光一模一样，而价格却只有后者的 1/3。[14]

商标

对许多企业来说，最有价值的资产是它们的品牌。可口可乐标志性的瓶身，英特尔的开机音乐和麦当劳的金色拱门等价值非常高，因为这能帮助产品鹤立鸡群，让客户认准品牌。它们也象征着企业品质、声誉和吸引力。

商标会防止竞争对手欺骗客户，购买假冒产品，并避免让客户对谁是真正的生产者产生迷惑。例如微软公司的云存储服务原名 SkyDrive（后更名为 OneDrive），英国法院裁定其侵犯了英国广播公司的商标权，该广播公司的频道的名字都有 Sky，如 Sky 体育频道和 Sky 电影频道等。[15]

商标通常包含名称和徽标，但也可以包含其他独特的特征，如颜色、形状或声音等。品牌知名度越高、越独特，越有可能摊上官司。[16]

商标注册也需要成本，但通常远远少于专利。与其他形式的知识产权一样，更大的成本是执行成本。奢侈品、时尚业、药品甚至食品业都存在大量假冒商品，明显侵犯知识产权。假冒商品据估算占世界贸易的 5%~7%，随着网络购物更为便捷以及生产线转移到知识产权保护较弱的国家，这个数字正在逐渐上升。[17]

对于许多品牌来说，执行的高昂成本令人望而却步。可以想象诸如奥克利、劳力士或路易威登等大品牌得花费多少代价才能阻止一小部分的假冒品进入市场。假冒的规模极大，瑞士钟表业联盟报告指出，2016年有近百万假冒瑞士手表被没收，以及同样数量的在线广告被撤下，然而这还只是冰山一角。[18]

企业发现它们必须寻求多重解决途径：引导客户了解正版和假货的区别；确保产品不会从工厂后门泄露；以及向执法部门施压，阻止假货从边境流入。

管理知识产权

如果不认真管理知识产权，企业将会处于风险之中或错失良机。

第一步是把资产整理、分类并明确各类资产的所有者。许多企业认为自己就是所有者，其实可能不是。例如，在没有事先明确的情况下，受委托方可以拥有某项发明的知识产权，尽管是客户出钱让他们发明的。[19]

还应该制定明确的规定和流程来保护知识产权。受雇方和供应商在与公司做生意时也应该了解自己签署的协议内容。签署合同是一回事，了解合同的具体含义是另一回事——很多时候企业里没人了解合同的具体内容。很多自由职业者和承包商就在一张纸上草草签下名字，根本不知道他们同意了什么样的条件。如果你是一个拥有知识产权的专家，请千万注意不要把知识产权拱手让给客户！

最后，应该仔细考虑对自己拥有的知识产权的态度以及如何更好地运用它。正如约翰·帕尔弗里在《知识产权战略》（*Intellectual Property Strategy*）中解释的那样，管理资产有三种选择：完全排除、部分排除和开放专利。[20]

完全排除

最显而易见的方法就是极力地保护你的资产。Bose 就是一个奉行这种战略的例子，它在商标和专利诉讼中严格保护自己的资产权利。

最近 Bose 公司在一份针对 Beats 公司侵犯其降噪技术的起诉中，将公司的产权战略表达得非常明确："Bose 投入巨资进行研究和开发，并通过创新技术打造卓越产品，声誉斐然，公司的未来很大程度上取决于建立、维护和保护知识产权，我们将不惜一切代价保护我们的专利。"[21]

完全排除战略将阻止来自竞争对手的模仿，或至少让它们不那么肆无忌惮，但这种战略也存在缺点，不仅成本高，还会让人懒散——既然专利能带来滚滚红利，何须再开发新产品呢？

莱特兄弟的例子值得警醒。在将控制飞行器的解决方法申请专利之后，他们非常认真地保护自己的专利，他们会起诉任何企图制造飞机的公司。然而，他们太专注于保护自己珍贵的专利，而忽视了好好利用自己的技术继续发展，导致美国航空业远远落后于欧洲，直到政府插手打破这一法律僵局。[22]

同时，过分执行完全排除战略会引起反感，造成品牌伤害。例如，当华纳-夏贝尔唱片公司决定收取《祝你生日快乐》歌的版权费时，人们感到很荒谬，但华纳公司是认真的——比如向使用了该歌曲的电影索取数千美元费用。直至 2016 年初，一名大法官裁定该版权声明无效。华纳-夏贝尔公司最终支付了 1400 万美元来解决针对它的诉讼。[23]

部分排除

相比之下，部分排除战略允许某个特定群体访问其知识产权，通常是通过许可协议来实现。如果你拥有非常有价值的专利或商标，许可协议会带来巨大利润，尤其因为这种方法可以用较少的成本产生现金流。

当乔治·卢卡斯决定放弃 50 万美元的导演费以换取《星球大战》的商业开发权时，二十世纪福克斯电影公司的管理层非常惊讶，但这是卢卡斯的天才之举。仅在 1978 年一年就有超过 4000 万个星球大战小人模型被售出。[24] 据统计，2016 年的《星球大战 7：原力觉醒》周边产品销售额达到 50 亿美元，超过整个星战系列的票房总和。[25]

另一个部分排除的例子是专利联营（patent pooling）。在这种情况下，成员公司彼此共享专利，互惠互利，以避免昂贵的诉讼费。美国专利联营的第一个例子是 1856 年的"缝纫机组合"。在当时生产一台缝纫机所需的知识产权主要集中在四家企业和一个人手里，他们陷入"专利丛林"——彼此重叠的侵权索赔大网——里不可自拔，结果就是所有人的产品和利润都遭受损失。将所有人的知识产权结合在一起，形成某种信托，制造商们就可以用更低的成本进行大规模生产，市场就此腾飞。[26]

自那以后，专利联营成为复杂科技产品特别受欢迎的方法，因为在科技业，重叠索赔泛滥，任何人都无法创造出理想的产品，因此一个既定的标准对每家公司都有利。专利联营的吸引力在于不用在诉讼上再浪费成本和时间。然而，专利联营很复杂也很费时，往往需要拥有议价能力的行业领导者来牵头。

开放专利

这种方法允许所有人使用自己的知识产权，有些情况下是有意义的。在一个网络效应为主导的市场，将自己的技术变成行业标准，长期来看是最佳战略，自由分享也会提高品牌知名度。

如果想要鼓励其他玩家进入你的品类、帮助它们成长并由此获得声誉，消除知识产权的诉讼威胁将会降低参与者进入的壁垒。这就是为什么特斯拉的电动车转换至一个开放专利模式。

"特斯拉汽车的创造初衷就是加速可持续交通的到来，"官网上的一篇帖子这么写道，"如果我们开拓了一条制造电动车的道路，却在身后埋下知识产权的地雷阻碍他人追随，就完全背离了我们的目标。特斯拉不会对任何真诚的想要使用我们的技术的人提出专利诉讼。"[27]

哪种方法最好？严防死守、协议许可还是完全开放？没有一个简单的答案——完全视情况而定。关键是保持一个灵活的方法，不断询问自己所拥有的知识产权如何能最好地朝企业目标迈进。

持久优势

自 1985 年迈克尔·波特的《竞争优势》一书出版以来,"竞争优势"这一名词一直出现在各大董事会会议室的交谈中。和其他所有商业术语一样,这个词身上的聚光灯反而淡化了其意义,因此首先让我们从定义开始讨论。

竞争优势是指企业能够胜过对手的优点。两个测试可以确定企业是否具有竞争优势。第一个测试,你应该比最强的竞争对手更赚钱。如果比对手赚的钱少,很难说自己有竞争优势;而将自己和最弱的对手相比,难免有胜之不武之嫌。第二个测试,相对市场占有率应该是长期稳定的(或不断增长的)。如果新的竞争对手大量涌入市场或你正在失去市场占有率,声称自己位于有利地位是站不住脚的。[28]

马上实践上述测试,应该会得到一个明确的结论。大部分声称自己有竞争优势的企业——尤其是声称自己的优势经久不衰的——都是在自欺欺人。然而,有些公司是真的存在竞争优势,了解这些优势可以帮助我们复制它们的成功。

链环活动

家具业巨头宜家是如何保持长时间的领先优势的?战略家理查德·鲁梅尔特认为答案就是:链环逻辑(chain-link logic)。[29]

让宜家鹤立鸡群的不是吸引人的产品目录或网站,或自己组装的家具,或巨大的仓库式店面,或吸引人的设计,而是以上所有这些特点的组合。想要超越宜家，不能只复制其中某一点，需要全部做到。掌握必要的技能——设计、成本控制、物流、电子商务——然后全部链接起来，这对于一个新企业来说几乎是不可能的任务。

因此，建立竞争优势的一个方法就是创建一个各种技能或活动的独特组合，所有这些都是成功的必要条件。

更低的成本和规模经济

如果竞争优势的试金石是比对手更高的利润，那么降低成本是一种好方法。但这样做在实践中效果并不佳，因为大多数削减成本的方法都很容易复制。不论外包、内包、把生产转移到劳动力低廉的地方、引入效率更高的流程和系统等方法，都很难无限期地保持领先地位。成本削减到一定程度也很难持续，除非牺牲产品质量。

有些公司确实通过疯狂削减成本找到了竞争优势。开市客（Costco）创始人吉姆·辛内加尔的一个经典做法是，将腰果包装从圆形改为方形，这样就能在运货车上装更多包，因此每年减少了400趟卡车行程。[30] 德国超市品牌 Aldi 和 Lidl 的所有产品都印有条形码，结账时更快速便捷。[31] 诸多此类决策的累积就会形成一个竞争优势。

拥有成本优势的一个更有效途径是，重新思考产品本身及其销售和分销的方式。优势源于不同的成本结构，而不仅仅是经营上更有效率。

美国在线服装销售公司 American Giant 以一个适中的价格出售高质量衣服，因为它把别的公司用于营销和分销的钱投入到生产优质服装当中。它的性价比如此之高，因为它不必投入成本到广告和光鲜的实体店中。[32]

床垫品牌 Casper 比传统床垫零售商更具成本优势，因为它只生产一种模型（库存较少），并真空包装至小盒子（存储和运输成本较少）以及直接在线销售，而不是通过巨大的展厅（降低分销成本）。Caspter 创立前 10 个月销售额就达到 2000 万美元——不可思议的成绩。[33] 和类似在线竞争对手相比，它是否能长期保持优势则另当别论。

规模经济也可以提供一个持久优势，持久优势源于两方面。随着固定成本分散到更多的客户身上，每个客户的平均服务成本就会下降。规模更大的公司相比其供应商也拥有更大的议价能力，能够获得比规模小的公司更大的折扣。

然而，你不能想当然地认为，经营规模大就能带来规模经济或成本优势，你需要确保服务客户的平均成本随着企业的成长而下降。

客户保留

如果客户不能或不会离开你，你可能拥有一个优于竞争对手的持续优势。参见"客户群：有效提高利润率的运营动作"的例子，有一个或四个混合因素在起作用：

转换成本，指的是从一个品牌转换到另一个品牌时所遇到的合同上或操作上的困难，比如违约费、麻烦、培训成本或转换过程痛苦等风险。

习惯，指的是长期以来已经形成的根深蒂固的行为模式，比如不断刷社交媒体的更新信息，或不经思考在亚马逊上购买一切。

忠诚计划，指的是某一个品牌累积分数用于未来打折或特价优惠，阻碍客户使用另一个品牌。

生态系统，指的是一系列产品共同运作，切换一个就不得不切换所有。

地段，地段，还是地段

尽管家具破烂、空调老旧（夏天40摄氏度高温时还是很受影响），我还是租了现在正在写作本书的小屋，就一个理由——风景。

小屋坐落在圣莫妮卡山脉高处，在室内就可以鸟瞰波光粼粼的湖面。我办公桌上看出去的风景就像一张明信片——不受干扰进行思考和写作的完美之地。地段简直无懈可击。

同样，拥有独特的、理想的或方便的地理位置的企业，往往比竞争对手更有优势，因为它被潜在客户或客户选择的可能性更大，因为它更显眼。地段也会因为离供应商或原材料更近而成为优势，因为成本会比地理位置更远的对手低。[34]

网络效应

某些产品的价值取决于使用者的数量，这种现象被称为网络效应。只有另一端有人时，电话的价值才体现出来。可以联系的人越多，价值就越高。对于像应用商店这样的软件平台来说也是如此，消费者越多，吸引的开发者越多；开发者越多，应用程序就越多，平台就越有价值。

网络效应创造的市场既可以锁定客户，同时也可以提高进入门槛，形成巨大的潜在收益。这个话题非常吸引人，也很容易被误解，虽然只涉及少数企业，但当它发挥作用时，效应真的非常大。考虑到这一点，我会在本章末尾开辟独立的部分讲解更多细节。

政府保护

政府有时会故意减少或消除竞争，赋予某个企业持久优势。例如世界上最大的原油出口商沙特阿美，就是由沙特阿拉伯王国国家所有。[35]

还有些情况，法规会无意中增加进入壁垒，因为新公司无法承受进入市场的财务负担。例如，满足 FDA 要求的成本给了现有制药公司一个优势，尤其是现有的医药公司经营规模庞大，可以将成本分摊到庞大的客户群。

组合

以上探讨的所有持久优势——链环活动、低成本、规模经济、客户保留、地段、网络效应和政府保护——当它们组合在一起时效应会变得更为强大。

苹果公司把高客户保留、网络效应和规模经济组合在一起，创造了世界上最有价值的公司之一。时尚品牌飒拉（Zara）把好地段实体店以及链环的、超有效的供应链组合在一起，其利润最近几年呈爆炸式增长。[36]如这些公司的例子所示，把两个或多个优势源组合在一起，会决定领先优势是暂时的还是持久的。

竞争者滞后

专利会到期，新技术会过时，即使是最好的想法的生命周期也有限。在这个变幻莫测的世界，没有什么优势可以永恒，唯一能击退模仿者的方法就是不断进步。如果在对手迎头赶上之前，你已经着手下了一步大棋，被复制似乎也不那么可怕了。当你栖枝休息、不思进取之时，就是危险即将来临之日。

这不是什么新观点。30年前，战略专家加里·哈默尔和普拉哈拉德就曾指出，战略的目标是"创造明天的竞争优势的速度要永远快于今天竞争者模仿你的速度"。[37]

善于利用竞争对手的惯性和对改变的抗拒，这会是一个起跑线上的优势。"大"和"快"在商业世界几乎是互斥的，公司保持现状越成功，应对变化的能力就越弱。[38]这给了那些灵活的竞争者进入市场的机会。

关键在于迫使竞争对手做出权衡：在熟悉的战略和不确定的新战略之间权衡；在成熟市场的安全性和新兴市场的风险之间权衡；在保护当前收入流和投放新产品之间权衡。这些决定对于每家公司来说都很艰难，什么都不做最容易，但同时也给新进入者一个先行一步的优势。以下方法对缚住对手特别适合。

改变收入模式

如果企业面临必须改变收入模式才能保持竞争力的局面,可以肯定企业会能拖则拖。风险、成本运营变化、需要面临的种种复杂而又不可避免的商业政治纷争,会让它们纠结徘徊,新进入者正好可以利用这段时间。

DVD 租赁公司百视达的收入模式严重依赖于客户逾期还碟的罚金。而网飞出现了,提供了月费模式,因此不存在滞纳金。百视达顿时陷入战略束缚——改变收入模式、损失利润还是保持不变、甘担风险?百视达的新战略迟迟未能实施,[39] 2010 年,公司申请破产。[40]

改变竞争的基础

市场领导者都喜欢逐步优化自己的产品和服务。每个新版本的基础架构没有变化,但总是更进步一点点,也就是在不断改进。它们喜欢这种方法是因为可以发挥自己的优势,在内部阻力最小的情况下保持前进。

但也存在一个用力过度的问题,即努力让一个产品变得完美。这样会为新兴企业打开机会之窗,让它们有机会创造出新奇的、功能独特的新产品。

面对竞争者的截然不同的产品,现有企业要么坐等新产品上市并发展壮大,到时再采取行动恐怕为时已晚,或者干脆放弃看似有风险的机会,反正在别处已经非常成功。很多曾经伟大的公司就是这样陷入困境的。

可以从中得到什么教训呢？对于市场新手，诀窍是避免用渐进式改进和市场领导者进行直面碰撞——它们会很快将你粉碎，而是要尝试从现有市场领导者表现不好的方面入手，为市场带来一个革命性的产品来解决这个缺陷。这样才能确保现有的市场领导者会忽略你，等到他们想粉碎你时已经为时已晚。

如果你是一个市场领导者，用力过度是没有出路的。克莱顿·克里斯坦森——其研究大部分都和这种现象紧密关联——解释道："一家公司发现自己处于'够好但赢不了'的局面时，要么各路对手瓜分其市场，要么商品化吞噬其利润。"[41]

捆绑和分拆

网景公司的首席执行官吉姆·巴克斯代尔以妙语连珠著称，他曾经对着一个房间的投资银行家说："先生们，我只知道两种赚钱的方式——捆绑和分拆。"[42]

捆绑是把产品和服务集合在一起销售，比如麦当劳的儿童快乐餐或微软的 Office 软件。分拆则是相反：将产品的某一个组成部分单独进行销售。这两者都会为客户和供应商带来好处。问题是，应该采取哪种方法？

一般准则是，当市场以捆绑为主时，分拆更有机会。当市场以分拆为主时，不兼容的产品遍布各处，捆绑将会更好。

来看银行业的例子。大型零售银行提供捆绑：储蓄账户、经常账户和贷款账户，可以通过网上银行、分行和电话进行服务。除非你已经是银行，否则用另一种捆绑方式去竞争毫无意义。你应该将目标瞄准这个组合的某个部分，从侧面突击。银行的组织结构、官僚和坏账系统将使得它们无法反击。它们可能也根本不想反击——你的这一小口蛋糕对它们来说太微不足道了。

然而这种做法恰恰忽略了实质问题。在《渡渡鸟之歌》(*The Song of the Dodo*)一书中，作者大卫·逵曼把一个生物生态系统和波斯地毯进行了比较。如果将地毯切成许多小方块，并不会因此得到很多小地毯，只剩下被瓦解的碎片，直到什么都不剩，这一现象被称为生态系统衰变。[43]

企业也会出现同样的衰变现象。如果整体被瓦解成碎片，企业也可能开始瓦解。如果四面楚歌，就不可能老打胜仗。最终以捆绑为主打的企业只能被迫寻找新的品类，以发挥捆绑策略的优势，或只能撤退到某一个专业领域。

捆绑和分拆的循环是永不停息的，不同的机会会在不同的时间出现。如果你是个捆绑者，最终总会被分拆。如果你从某个产品的某个部分开始，捆绑则是你成长的好方法。

分拆是目前许多行业的趋势。有线电视服务包正在被分拆：目前有网飞、HBO GO、Hulu、iTunes 和亚马逊 Prime Video 等视频点播服务，我们可以转换使用。

传统的手机包包括通话分钟、短信数量和数据流量，这种方式也在受到 WhatsApp、Snapchat（阅后即焚）、iMessage、Skype、脸书等即时通信软件的冲击，这些软件都拥有手机包内一种或两种优势。伦敦研究公司 Ovum 预测，2012—2018 年，传统移动运营商预计损失了 3860 亿美元的收入。[44]

有些公司率先主动把自己的捆绑包分拆。Graze 作为一家在线订购零食网站，每周为客户送四盒健康零食上门。当品牌出名后，他们已经拥有了足够的设施可以满足大量需求，但是他们决定换一个更巧妙的战略。他们把现有的在线产品分装，允许超市和其他零售商在结账台把一包零食和糖果类食品放在一起。六个月内，他们又多卖了300 万包零食。[45]

还有一些企业目前也正在成功地推行捆绑策略。比如印象笔记（Evernote）也可以被视为一个捆绑。客户不用在不同的地方做笔记——手机上、电脑上或纸上——只要在印象笔记中记录一次，所有设备上都同步。团队沟通协作工具 Slack 也采取了类似的方法，把通知、文件和消息捆绑至一个地方。

解决下一个问题

每一项技术解决一个旧问题的同时都会产生一个新问题。[46] 燃油发动机产生有毒排放，智能手机让我们长期分心，社交媒体软件侵犯我们的隐私，塑料袋最终形成海水污染。

当问题大于好处时，新的机会就会诞生。化学杀虫剂点燃了人们对有机食品的追求；气候变化正在推动我们走向可持续的运输和能源；随着生活的数字化，网络安全和加密已经成为机会领域。

当前的解决方案指出了未来问题，也带来了全新机会。通过查看现有方案产生的问题（尤其是自己的方案），可以找到未来的机会，并比对手领先一步。

改变基础技术

所有的技术——我们用来实现目标的过程和设备——最后都会达到潜能的极限。系统中的每个组件都会达到其完善的终极水平，在追求更强大性能的过程中，系统会变得复杂难懂。到了某一点，改进将变得非常昂贵，企业则进入了收益递减的阶段。超音速喷气式客机就是这样一直没有腾飞起来。

一旦技术达到完全成熟，就会需要一种全新的方法来解决同样的问题。[47]电灯泡取代了蜡烛，石英表几乎取代了机械表，数码相机取代了胶片，电动车开始取代燃油车。不久汽车将变为无人驾驶，司机被取代。

这种情况发生时，围绕旧技术建立的产业将会面临一场可怕的剧变。石英表出现的20年里，瑞士制表业几乎全军覆没。柯达公司发明了数码相机，却迟迟不肯推进，担心会取代胶片的销售。2012年柯达公司不得不申请破产。[48]

结论

关于竞争者滞后的研究都出现了两个清晰的结论。第一，今天成功不代表明天也会成功，甚至可能导致灾难。经常性、根本性的战略改变是必要的。

第二，在企业内部，心理博弈往往起到决定性作用。成功会导致自满、傲慢和懒惰。有些企业不但不模仿对手，还一直忽略对手直至大势已去。迫使竞争对手做出取舍，会造成自己的企业瘫痪，让充满信心的初来乍到者获得你永远无法追回的起跑优势。

这两个主题都指向同样的结论——永远站在前面。事实上，就算是为了生存，也决不能扼杀自己改变方向的能力。企业长寿的真正秘诀不仅仅是让自己独特而不可模仿，而是保持适应性，这也是下一章的主题。

尾声：网络效应

在某些情况下，产品价值取决于使用人数，这种现象被称为网络效应。爱彼迎的房东越多，吸引的房客就越多；房客越多，吸引的房东也越多，二者彼此依存；如果两方人数都增长，服务价值也随之增加。脸书和推特等社交平台也依赖网络效应：越多人使用平台，对所有其他用户的价值就越高。

本章开头讲到因为留住客户和提高其他竞争者的进入门槛这两者结合在一起的力量，网络效应带来的潜在回报是巨大的。不过有一点，在最初的一段时间，内心不够强大的人可能承受不了压力。当类似的竞争对手在市场上领先时，在网络效应的驱动下，很难断定谁会赢，因为看似随机的事件可能随时导致不同的结果；[49] 强者越来越强，弱者越来越弱。[50]

依赖网络效应的企业通常会在早期发现自己处于进退维谷的状况。没有房客怎么吸引房东？没有房东又怎么吸引房客？如果用户才是最有价值的部分，如何从零开始启动一个社交网络？许多有前途的想法都因此失败了。你需要运气和正确的判断让企业成功。也就是说，如果网络效应能发挥作用，接下来的一些指导原则也许会带来一些改变。

让转移更轻松

客户开始使用产品时越轻松，就越可能尝试下去。必须采用一种积极有效的方法来减少客户体验开始阶段的付出。不论是安装程序、创建账户、迁移内容或任何其他客户必须要做的事情，都要尽量省事，不会打扰客户。

实现价值或性能的量子飞跃

对现状的渐进式改善往往不足以获得市场成功，如果还涉及网络效应，成功几乎成为不可能完成的任务。[51] 企业主张必须绝对引人注目、标新立异。

早期的 Skype 吸引客户的秘诀在于它实现了长途通话价值的量子飞跃：免费，有视频呼叫和聊天功能——不用动脑的选择。像 Skype 这样价值显而易见的产品，客户不仅仅会尝试，更有可能推荐给别人。在亚洲背包旅行的女儿说服保守的父母安装 Skype 会变得很容易，因为对双方来说，价值都非常明显。这带出了我要表达的下一个观点：必须利用现有的客户群来实现增长。

将客户转换为积极的拥护者

当网络效应开始发挥作用时，越快实现用户群增长越好。为了做到这一点，应该将每个客户变成积极的拥护者，从而帮助实现营销目的。如果每个客户再拉来两个客户，成长将是指数级的，并且比传统的广告方法成本低得多。

会员推荐计划是企业常见的营销方式，从而依靠网络效应获得成功。起点是一个突出的"邀请"功能，让客户可以很容易地推荐给朋友。做法往往是如果推荐朋友注册可以领取折扣或奖励。

多宝箱是一个很好的例子。受到贝宝的 5 美元注册奖励金的启发，多宝箱去除了无效的付费广告模式，将注意力转向奖励宣传，让推荐人和被推荐人都获得额外的免费存储空间。当他们采用这种方法后，15 个月内多宝箱用户从 10 万增长到 400 万。[52]

集中，然后复制

你是怎么生火的？你不会用一根点燃的火柴去烧一块大木头，这样永远生不出火。应该先点燃干草或其他引火物，然后生火就容易了。接下来，你会添加一些火种——树枝和小木棍，这样火种才能继续燃烧，才有足够的热量来燃烧木头，从小火苗开始，一步步壮大为熊熊烈火。

建立网络效应也是如此。从小部分受众开始，而不是一夜之间改变所有人。一次针对一个小的群体，更容易提高最初的认知，更容易增加口碑，也更容易让客户体验到好处。当一部分用户已经投入和行动之后，将目标移动到下一个群体，不断复制自己的成功，直到所有的群组开始重叠和合并。

脸书从哈佛大学开始，发展到其他的常春藤大学。优步创立于旧金山，之后发展到纽约、西雅图、波士顿和芝加哥。约会程序 Tinder 从一个大学校园蔓延到另一个。[53] 推特的突破时刻发生在 SXSW（西南偏南）狂欢节上，当时的用户密度突显了推特的价值。[54] 这些产品都拥有相同的模式——集中，然后复制。这些品牌都不是因为广撒网而成功的。

在小而确定的范围——办公室、校园，或一次一个城市——点燃网络效应不仅更容易，还可以从每一次点燃中学习和改善。一步就想占领全球根本不可能；如果犯下错误，时光不会为你倒流，让你重新开始。

赢得期望值战争

当面对网络效应市场的诸多选择时，客户期望值会显得格外重要，如卡尔·夏皮罗和哈尔·瓦里安在合著的《信息规则》（*Information Rules*）一书中所讲："如果客户预期产品会变得流行，就会形成一种风潮，良性周期就此开始，客户的预期就得到证实。而如果客户期望产品失败，产品就会缺乏推进力，恶性循环开始，客户预期又一次得到证实。"[55] 严酷的现实在于，最好的产品可能不会赢。当期望成为自我期许的预言，营销必须下功夫在展现信心、解决每一个期望值问题以及解决所有客户的不确定性上，这一切甚至都发生在客户尝试使用产品之前。

打造能力

市场里的网络效应有两面——一个群组的增长带动另一个——如优步（司机和乘客）或爱彼迎（房东和房客），然后可能别无他选地需要投入现金来打造能力。

优步打开伦敦市场时正是这么做的，只要司机们在平台上保持活跃，不论接单与否，都可以获得每小时25英镑的酬劳。优步的第一位伦敦雇员理查德·霍华德被允许每周花费5万英镑招募更多的司机，这样才能保证在新客户想要尝试服务的时候总有一辆车可用。[56]该计划奏效了，在不降低佣金标准的情况下，优步在六个月内实现了司机的按单付费——网络效应开始发挥作用，口碑如野火燎原般迅速传开。

赢得这些市场需要大量资金和钢铁般的意志。你无法预测爆炸式增长是否近在眼前，或者注定失败，必须继续烧钱直到找到答案。

2009—2010年，爱彼迎一直不温不火地保持适度增长，直到网络效应出现。之后五年里，房客的数量增长了353倍，达到了700万。[57]谁能预测到这种情况？当还不清楚未来是失败还是会取得难以想象的成功时，需要勇气、执着，也许再带些疯狂来保持航向。

关键问题

法律保护

- 你拥有什么知识产权？

- 什么政策或程序在保护你的知识产权？人们会遵守这些规则吗？
- 哪种知识产权策略最能满足当前的目标？完全排除、部分排除还是开放专利？

持久优势

- 你是否拥有竞争优势？如果是，它能持久吗？
- 你将如何合并本章提供的资源，建立一个持久优势？

竞争者滞后

- 如何避免与市场领导者迎头对撞，并让他们忽视你？
- 捆绑或分拆会让竞争对手难以复制你吗？
- 当前正流行的产品有什么问题？如何解决这些问题？

网络效应

- 产品的希求性是否会受到网络效应的影响？
- 现有客户如何帮助推动业绩？
- 应该以哪些群体为目标，产生早期兴趣？

	希求性	盈利性	长期性
客户	**需求** ● 价值和信念 ● 目标 ● 壁垒	**收入** ● 收入模式 ● 价格 ● 销量（数目和频率）	**客户群** ● 认知度 ● 获取 ● 保留
市场	**竞争对手** ● 品类 ● 地域 ● 替代者和取代者	**议价能力** ● 与客户 ● 与供应商 ● 规则和法规	**可复制性** ● 法律保护 ● 持久优势 ● 竞争者滞后
组织	**产品** ● 主张 ● 客户体验 ● 品牌吸引	**成本** ● 可变成本 ● 固定成本 ● 资本支出	**适应性** ● 现金状况 ● 可扩展性或能力 ● 复杂度和僵化度

第十二章

适应性：企业的长期主义

我第一次去加利福尼亚时被冲浪神勾去了魂，从此开始半水生动物生活。我很喜欢冲浪，被深深吸引，因为进步来之不易。经过几个星期的坚毅训练我才敢接近浪头。几年过去了，我还是个初学者。

刚开始的时候，穿着冲浪鞋从浪里走出来都让人筋疲力尽。直到学会如何在扑面而来的浪下躲避，找到一个时间点进到水中，或找到一条平静的水路滑出，否则会不断被浪推回到原处。

当终于突破初学者盲点后，你会发现时机就是一切——这是一个只有靠自己的艰难体验才能得到的教训。上浪太迟，浪花会在身上打碎，带着你噼里啪啦冲向海滩。上浪太早会从浪后跌下来，不知会被冲到哪里。

另一个初学者的教训是要注意周围环境。波浪和你相比无限强大并且无论如何都会冲过来，所以背对大海是一个很危险的做法。必须时刻保持警惕，早想一步。多观察其他冲浪者的身形，会发现每个人都面朝大海。没有人想被即将到来的大块头从身后扑倒。

一天下午我躺在水中，突然想到冲浪和运营企业有着惊人的相似之处。在这两种行为中，时机选择起着决定性作用。勇气必须战胜恐惧。如果想笑到最后，必须坚持不懈。但相似之处还不止这些。

远离陆地的海洋表面的相互作用形成风暴，风暴带来波浪，通过水将能量分批传送。当这种涌动进入浅水水域时，会形成可以冲上去的浪花。[1]

为了找到最有希望成功的机会，冲浪者会尽心研究天气预报，观察潮汐指示图。如果你想冲浪，必须去有浪的地方。等着浪来找你或随便挑选一个海滩是行不通的。

企业也是如此。超越你眼界范围的事件通过市场发送能量脉冲。必须预测到能量的位置才能成功，并且当出现一波机会时，必须提前就位做好最佳准备。

冲浪者爱浪。他们深知没有浪就没有机会，没有浪就无浪可冲。如果斐济有浪，冲浪者就会去斐济。如果最理想的潮汐在凌晨5点，冲浪者5点就会出现在水里。当冲浪者看到地平线上若隐若现的波浪时，他们接受它并决定该做什么——出发，穿过它，等待下一个，或定好位准备冲到它上面。待在原地不动不是冲浪者的选项。他们无法关掉海浪。

企业的情况也是如此，当变化出现在远方的地平线上时，很少有人会出现相同的欣喜感。变化的浪潮不会被视为值得庆祝的原因,而总是遭遇徒劳的抵抗、拒绝或痛苦。

尽管可以理解,但这种态度忽略了经济生活中的根本现实:每一个企业正在骑行的浪花终将散去,只能依靠持续的改革浪潮来实现增长。没有改变,就没有机会。

长期成功的关键就是保持适应性。如果发现自己扎根于某处不动,要么会被改变的浪潮重击,要么就困在一个停滞的市场,别无机会。然而,适应性很少得到应有的重视。

当面临是保持适应能力还是改进网格中其他元素——短期内削减成本或增加收入的决策时,人们总是会牺牲适应能力。和生活中的许多事一样,等到突然需要的时候你才会想起它。

最后一次深潜将探索会改进或损害适应能力的因素。我将从成功公式中也许是最关键的元素——银行里的现金——开始。

现金状况

提起企业寿命,我们都会说现金为王,这是所有人的直观感受。如果现金用光了,就无法继续经营企业,而现金越多,选择越多。现金也可以起到一个缓冲作用,保护企业暂时不受变化的冲击——让你有时间弄清楚下一步该做什么,或继续等待正确的机会。

现金和利润

是不是保持盈利就不重要了呢？现金和利润不一样吗？真不完全一样。

第一，现金不一定来自利润，也可能来自股份出售或借贷。第二，也是更重要的，年利润数额和现金定额不会一样。

其中一个原因是时间点。交付和获取报酬之间总会有一个延迟，在这个时间段有可能用完现金。很多新企业就是因此失败的——企业的产品需求强劲，却在满足市场需求的过程中耗尽了现金。等一下我会回到这个话题继续讨论。

另一个原因是资本支出。如"成本：掌握成本比例与收支等式"中讲到的，长期投资的成本通常分散在资产的有用的生命周期中，只有在计算利润时，才会把贬值部分包含进去。但现金依然在支出。

例如，2016年第二季度，网飞的净利润为4100万美元，但现金流为-2.54亿美元。因为公司投入大量资本在电视剧制作上。[2] 听上去似乎很矛盾，但企业是有可能在账面上显示正利润，实际上现金支出远大于流入。

因此重要的不仅仅是账面上的利润，而是除去企业为未来投资的资本之外还剩下多少现金流。伯克希尔-哈撒韦公司副董事长查理·芒格是这样说的：

> 有两种企业。第一种赚了12%的利润，而且是可以在年底把这12%拿出来的。第二种是赚了12%，但多余的现金必须用

来投资——现金永远是空的……我们不喜欢这种企业。[3]

请牢记这一点，重要的是保持自由现金流——企业产生的现金减去所有资本支出。从这一指标可以看出企业能够支配的现金数量，以探索其他机会或保护自己不受变化的冲击——这两点都对企业长期运营至关重要。

周转资金

日常经营所需要的资金——周转资金——会影响现金状况。

正如我前面提到的，许多企业都在交付服务和获得报酬之间有一个延迟。现金也会被套在库存里，可能是原材料、半成品或待出售的成品。

库存越多、资金回笼的时间越长，被套在周转环节的现金就越多。另一方面，支付给供应商的期限越长，你的银行账面上的现金存放的时间就会越长。

更改其中任何一个元素——客户和供应商付款条款，或库存量——都会极大地影响企业现金状况。对于那些有小额现金缓冲或高周转资金需求的企业来说，如何管理这些因素直接决定了企业是成功还是破产。

你应该还记得在关于收入和成本的深潜讨论中，我强调了边际收益（每笔销售支付固定成本的数额）的重要性。当把现金加入讨论范围后，这一点显得尤为重要。

想象在蜡烛市场上，你大幅降价以期击败对手，此举导致需求大爆发，你手里的订单超过了你的生产能力，并且单品利润额下降。为了保证订单交付，你必须扩大生产规模，以及增加库存以保证供应。也就是说，你不仅要投资扩大生产线，企业周转套住的现金也在激增。

该从哪里获得资金来支撑这种业务扩张呢？一个方法是从银行贷款，但还款会增加固定成本。现在你必须销售更多的产品才能获得利润。这就是所谓的周转资金陷阱。

这种情况下，企业必须不断注入现金防止垮台，如果利率上升或销量下降，单品利润又如此微薄，企业可能会马上面临亏损。如果资金枯竭而企业仍在扩张，很有可能耗尽现金，企业不得不破产。这是一个很可怕的局面。

因此，现金状况和网格的其他元素密不可分。价格、数量和成本的改变都会带来很大的影响，其他因素也是一样。我们来看一些常见的场景。

场景 A

为了改善现金状况，你和供应商重新拟定了付款条件——从30天改为60天。这将大大提高你的现金余额，但供应商不情愿。它们可能会提价作为反击，或降低其服务质量。你的产品和成本都将受到不利影响。

场景 B

你和对手的竞争加剧，但是你并没有专心去了解客户需求，而是变得惊慌失措。采取了一系列地毯式轰炸方法后，你推出了尽可能多的新产品，希望其中有些产品会成功。由于产品线全面开花，套在仓库里的现金数量也节节高升。客户纠结一番后选择了其他品牌。你手里的现金和收入更少了。乐高在最黑暗的时期就面临这样的境地。

场景 C

市场对产品的需求下降了，但你的工厂——以速度和效率为衡量标准——还在不停地生产，在库存里捆绑住更多的现金。

如这些场景中看到的，在无意识的情况下，日常决策会影响公司的现金状况。反过来也是一样，旨在改善现金状况的决策也许会对别的地方产生不利影响。这里有一些简单的准则可以帮助你避开类似的问题。首先有三个特别的准则。

估算现金周转时间

每一个新企业几乎都是现金流出很长一段时间后，才开始有现金进来。在收入出现之前，可能数年都处于支出的状态，花费可能会达到数百万美元。因此在开始花钱之前，先估算"现金出—现金进"的时间，以及什么时候第一笔收入会进来，是很有用的。

在估算时间轴时，企业往往会表现得比较乐观。思考现金周转的多种场景——最好、最坏和最有可能的情况——会帮助你做出最合适的计划，尤其是你正在兼职创业，某一天需要你辞去正式工作，全职投入新的企业当中时。

注意现金消耗率和续存周期

对于初创公司来说，传统的财务模式可能没有多大价值——可能多年没有任何收入，或无法列出资产——但你必然会有成本，而如果现金耗尽，则游戏结束。[4]

这就是为什么成功的初创公司会记录自己的现金消耗率——每月的现金用量。它们也会留意现金续存周期——银行存款除以消耗率——这样就可以知道资金还能支撑多久。[5]

进行现金流预测

当企业临近正式启动时，进行一个简单的现金流预测会帮助预估最初几个月内，每星期公司的现金出入，这样可以确保有足够的现金让公司启动和运行。

当企业起跑后，两项指导准则如下。

思考决策是否会影响现金状况

明智的决策者，不论部门大小，都会思考自己的行为会不会影响公司的现金状况。

然而太多的决策者不是这样做的。定制产品的设计师在为每一个零部件囤积10种颜色时，完全不会意识到这种做法对公司现金状况的影响。销售人员在慷慨地承诺各项优惠和回馈来赢得一笔订单时，也不会想到这对公司资金周转的影响。

企业中了解现金流和资金周转的人越多，并能在做决策时考虑到这两种因素，组织的运转就更容易成功。为非金融专业的员工提供基础的金融知识培训，会是非常值得的投资。

当尝试改善现金状况时，请思考网格的其他元素

很多人在做决策时从不考虑现金是否充足，很多人则恰恰相反，只图改善现金状况，却不考虑由此带来的长远影响。

削减库存会释放一些现金，但如果产品一直缺货，也会减少销量或破坏客户体验。在新机会面前投资保守，虽然会保证现金储备，但也会让你落后于竞争对手。和所有重要决策一样，必须瞄准整体利益，而不是以牺牲别的方面为代价来改善某个方面。

可扩展性或能力

企业在响应需求时的可伸缩性，决定了其适应变化的能力。同样，如何管理现有运营能力也会影响企业的适应性，因为在效率和灵活性之间永远存在着权衡。

可扩展性

当一家颇受欢迎的在线杂志把 Ameican Giant 卫衣描述为"有史

以来最伟大的连帽衫"品牌后，American Giant 迅速成为爆品。[6] 36 小时内，American Giant 的全部库存销售一空。然而订单还是源源不断，公司的发货时间只能延长到 6 个月以后。

一时间，American Giant 成为媒体关注的焦点，有评论将这种现象称为"灾难性的成功"，[7] 因为公司没有办法预测这样一个巨大的需求激增情况。公司自那以后成功地扩展了规模和生产能力。他们的经历表明控制规模是多么复杂，以及如果无法满足需求，会造成多大的损失。

如果你准备一统世界市场，必须注意扩张的难度，以及现金流是否能覆盖扩张的成本，而且要做到在不牺牲客户体验的情况下满足需求。

有些企业的内部性质决定它比其他公司更容易扩展，原因在于其生产更容易标准化或自动化，以及当需求增加时，很容易找到具有合适技能的员工。比如，沃尔玛的员工和神经外科的新医生是不具可比性的。

扩展能力也和收入模式直接相关。CrossFit 健身房的迅速扩张，部分原因在于其连锁店模式。CrossFit 证书持有人可以申请加入连锁店，如果获得许可，还可以在 crossfit.com 上进行宣传，并可以使用 CrossFit 品牌的健身器材，只需每年缴纳 3000 美元的年费。本书写作之时，全球有 1.3 万家 CrossFit 连锁店。[8] 如果采用别的模式实现如此大规模的扩张，将变得非常有挑战性。

品牌吸引力也会对扩展能力带来障碍。如果客户选择品牌的原因是规模小、本地化或品牌对个体的关注，那么当把品牌扩展成一个没有个性的大型连锁企业，也许会损害品牌的吸引力并破坏最初的品牌优势。

最后，生产或购买决策对扩展业务也会产生影响。如果产品由供应商提供，那么当需求增加，只需从供应商那里订购较大数量的产品即可——扩展能力成为供应商要考虑的问题，而不是你的问题。然而，如果生产由企业自身负责，可能会遇到来自多方面的局限——设备、设施或现有人员的规模。

生产能力

可扩展性描述了业务模型根据需求扩张或收缩的基础便捷性。生产能力是指当前资源下能进行的工作量。

例如，某个企业模型很难扩展，但有足够的能力来处理当前的需求；或某个企业可以很容易地扩展，但必须得寻求更大的生产能力才能获取更大的利润。

企业的备用产能将从根本上决定企业的适应力，因为在效率和灵活性之间必须找到一个平衡。没有备用将无法改变方向。[9] 如果你每时每刻都在忙，那你哪有时间为未来做打算？如果人们一直都在工作，哪有时间停下来思考呢？

我曾经合作过的几个客户整天都在开会，他们大部分"工作"——做决策和准备演讲——被放在下班后的时间或周末来做。显然他们的工作效率非常低。

服务业——广告或咨询公司——通常有严格的工作指标来决定

每周必须花多少时间在客户身上。这经常导致一个员工负责几个项目，分身乏术。

问题是这些员工会产生任务切换损失——他们切换项目并进入状态会耗费时间。因此，虽然纸面上他们为每个客户工作了一个小时，但实际上他们只为每个客户进行了 10 分钟的有效工作。这是一种虚假经济。把人堆在多个项目上，只会让效率降低而不是提高。

虽然专注效率会带来短期的改善，长远来看却是灾难性的。如果已经到了需要极限效率才能产生可接受的回报的地步，这可能是市场正在告诉你需要改变方向了。朱尔斯·戈达德和托尼·埃克斯在《逆管理时代：提升工作绩效的逆向思考手册》(*Uncommon Sense, Common Nonsense*) 一书中是这么说的："战略就是永远在需求面前领先一步以保持高效，是一种罕见和珍贵的技能。"[10]

复杂度和僵化度

不论公司在哪一个阶段风光无限，不论看上去有多么无懈可击，总会出现那么一个时刻，这家公司会面临衰落的命运。历史上每一个伟大的文明最终都分崩离析了。不会有什么企业可以永远留在第一的位置。谁也不会例外——这是事物发展的自然规律。

原因很简单。任何一个充满活力、不断进取的企业在发展过程中必然会变得复杂和僵化，因此当改变发生时，很难再做调整去适应。当这些企业衰落时，不仅仅是因为来自外界的因素或资源的匮乏，而是自身经营和心理的包袱阻碍了它们对改变的反应。安迪·格鲁夫说："企业成功中蕴含了自我毁灭的种子。"[11]

从精力充沛的年轻企业到笨重的官僚机构的转变过程可以被视为这样一个周期，它包含明确可辨识的几个阶段。[12] 不是所有企业都经历过这些阶段，有些企业还未起步或者未发展壮大就失败了。但是对那些经历过这些阶段的企业来说，这些阶段就好比多米诺骨牌，一个倒下会牵引下一个。因此识别每一个阶段的特点很重要，可以看清适应能力是如何一路妥协直至消失的。

第一阶段：迸发

带着开拓进取的精神和对成功的渴望，一个新的玩家进入市场。他轻便而灵活，缺乏的资源可以用大胆的态度来弥补。[13] 这些创始人都是行动派，他们会毫不犹疑地放手尝试，甚至边坐飞机边造飞机。

在这个阶段，适应能力是关键。创始人必须不断试验、调整方向，直到找到各种元素的神奇组合，让企业顺利前行。[14] 当企业找到方向时，往往发现自己已骑虎难下。基础设施无法赶上变化的速度、乱中求序成为常态、新员工们三个人用一张桌子。这一切都伴随着比萨、红牛和传染般的兴奋。

第二阶段：稳步成长

当企业熬过了最初的混乱，疯狂的冲刺变成稳步前进，焦点转为避开直接对手，专心改进自己的产品。

随意制定的流程和临时解决方案已经不足以支撑企业的有序运营，企业需要一个稳定的架构来支持其持续增长。组织开始在经营上变得成熟，开始执行第一个正式流程。

每当企业达到能力极限时，它会寻求扩张以保持增长。部门增加分部门，计算机系统越来越细化。在这个"结构性深化"的过程之后，组织变得越来越复杂。[15]

第三阶段：保守

当新兴市场开始成熟，组织必须找到新的机遇以满足下一波增长。遗憾的是，如管理大师克莱顿指出的，未来的高增长市场在今天还羽翼未丰，因此还不会吸引那些胃口很大的企业。[16]

因此，在当前产品仍然表现不错的情况下，那些已经成功的企业很少会准备好在全新的、未经验证的领域冒险。困在一个金笼中的企业往往会系统性地忽略身边的机会，而这些机会原本是可以带来未来成功的。企业往往全神贯注于从现状中挖掘更高的回报，并积极捍卫现有的市场份额。

第四阶段：如日中天

多年的成功会让企业管理方式变得教条而自满。它们会嘲笑新的竞争对手，也许新对手早期产品还不够精细，质量不佳。从基层到管理层的信息变得失真和延迟，领导者和现实环境发生脱节。[17] 政治站在了进步前面，行动被无休止的讨论所取代。

此时，基础结构已经变得非常复杂，以至于企业必须变通解决这个问题。企业往往不会从客户需求着手，创造与之匹配的产品，而是把轻车熟路生产出来的产品拼凑在一起，全然不顾客户的喜好。既不想适应，也无法适应，注定了下一阶段的衰落。

第五阶段：衰落

在经历了长久的等待之后，未来的成长机会终于被下一波初创公司抓住，这些公司对前辈企业的攻击是无情的。而现有企业则在自身惯性中窒息，无力做出回应。CEO 们用各种收购和品牌重塑来分散自己的注意力，或者大力削减成本以缓解生存压力。[18] 当这些下意识的措施都无效时，某种形式的企业重组变得不可避免。

第六阶段：重组

重新开始的可能性从"打乱"网格中的所有元素开始，这样才可以重新配置这些元素以适应当前环境。这需要一个彻底的重组，通常有两种方式。

一些有远见的员工会离开自己创业。当摆脱前东家的束缚之后，他们可以重新配置自己的产品、收入模式和成本结构来适应当前环境和机遇，而不是困在修修补补当中。一个全新铸造的组织就此开始自己的旅程。

与此同时，旧企业为了生存，必须要经历一次全面转型。其中可能会保留基本的要素，分支机构被出售、董事会成员下台等措施都会出现。新的领导者会接受前辈的教训，开始追求新的机遇。许多衰落的公司已没有足够的资源来扭转命运，永远地留在历史教科书中，而有些企业可能会找到光明，甚至会超越预期，因为这些企业进入了新的品类，带着全新的进取精神东山再起。

保持适应能力

刚才概述的周期可以看出有两个因素会结合在一起，将企业的适应能力一步步劫走。一方面，企业经历了一个心态变化，变得自满和厌恶风险。另一方面，企业经营不断累积的复杂度和僵化度，让自己几乎不可能克服任何缺陷。

作为最后一章的尾声，我会一次提取一个因素进行讨论，来看看什么样的原则可能对保持适应能力有所帮助。首先从工作中的心理因素开始。

提防自我

从始终坚信自己正确的创始人——哪怕企业正在走下坡路——到只关心如何把责任从自己身上推开的经理人，不受抑制的自我意识会毁灭企业的适应能力。如果拒绝接受错误，又何谈改变方向；如果拒绝承认错误，又何谈接受教训。[19]

避免这种命运的关键在于，学会辨别对工作的批评和个人攻击。当有人说"我不喜欢这个想法"时，人们通常会理解为"你是个无用的人"，但这两个说法是完全不一样的。不管有多难，把自己从工作中抽离出来，这意味着你可以克服自我防卫的本能冲动。

如果能够养成聆听批评和真实反馈的习惯，很快就会有所收获。你不再对批评感到愤怒，而是在他人的反馈中找到改善计划的希望。拥有这种态度，会让改变方向变得容易得多。

质疑乐观主义偏见

在组织的任何发展阶段，保持乐观都非常有价值——你必须相信自己可以成功，不然不敢投入任何尝试——但乐观也会变得很危险。

在畅销书《思考，快与慢》中，丹尼尔·卡尼曼这样解释："在美国，小企业的五年生存率大约为35%。但创立小企业的人不相信这些统计数据会应验在他们身上……企业家们，从汽车旅馆老板到超级明星CEO，都持有共通的大胆和乐观。"[20] 有一点可以肯定——相信自己是某个规则的例外，不仅对适应性，而且对一般的审慎决策，都是一个重大障碍。

如果你得到可靠的建议，而冲动告诉你拒绝它，那么请扪心自问拒绝的理由是否是因为有一个强有力的相反论据，还是只是因为你觉得自己是规则的例外。使用网格时，尽力寻求外部意见——无论是来自一个独立方还是不同团队的成员——都可以帮助确保不带有个体偏见。

质疑发展轨迹

采用某个方法时间越长，就越难接受别的方法。危险在于，你不断夸大自己的能力，直到一头栽下失败的深渊。这就是丹尼·米勒的优秀著作《伊卡洛斯悖论》（*The Icarus Paradox*）一书的中心论题，他在书中列举了四种常见模式。

手艺人（Craftsmen）——以质量为荣、注重细节的企业——终成匠人（tinkerers）。痴迷于一点一点的改善，创造出堪称完美的产品，却毫无商业意义。

建设者（Builders）——通过不断进取的企业扩张取得成功——终成帝国主义者（imperialists）。不断扩张，成为自己都无法理解的企业，最后吞入太多无法消化的东西，所谓"贪多嚼不烂"。（弗雷德·古德温领导下的苏格兰皇家银行的故事就是一个很好的例子。）

先锋者（Pioneers）——成功来自伟大的思想和前沿的创新——终成逃跑者（escapists）。他们的发明太超前、太昂贵或太不切实际，把客户拒之门外。

最后，销售员（Salesmen）——成功建立在品牌创造和营销的企业——终成流浪者（drifters）。以为自己可以销售一切，最终变为产品和服务杂乱无章、模糊不清的品牌。[21]

为了把这些倾向扼杀在摇篮里，请问问自己正在哪一条轨道上？是否过度扩张到自己并不理解的领域？完美主义倾向是否真的有利？是否在生产可行的产品，还是在科技前沿自我放逐？这些都是值得深思的问题，可能会帮助你及时转向或掉头——趁一切都还来得及。

Alphabet（字母表）公司新任首席财务官露丝·波拉特正是这样一位人物，她正在竭力扭转着这一科技巨人的逃跑者倾向。通过改进财务纪律，她将 Alphabet 的航向转向最可行的机会，而不是令人兴奋却琐碎无章的小打小闹上。[22]

避免第一版陷阱

人们往往忽视来自竞争者的威胁，直到为时已晚。问题在于，随着新科技和新产品的不断涌现，如何判断什么是真正的威胁，什么是无谓的捣乱？以下两种方法可能有所帮助。

第一，如果雷达上出现一个新的对手，应该先根据客户的超级目标——客户的最高目标——对其进行评估。有可能殊途同归吗？这样可以防止你错误地嘲笑那些看上去不尽相同的解决方案。

第二，必须避免安迪·格鲁夫所说的第一版陷阱——因为其不尽如人意的表现而忽略早期的威胁。任何事情的第一版都有许多值得改进之处，但如果能找到早期的客户，将会迅速得到改善。格鲁夫建议考虑对第一版进行"10 倍"改进是否会成为威胁，如果会，那么就认真对待——改进 10 倍可能比你想象中发生得还要快。[23]

了解第一线

在许多组织中，管理层在一个泡沫里做决策。他们不是感同身受地理解客户需求，而是依靠总结报告、表格和 PPT（演示文稿）来做出判断。

花时间到第一线和客户相处，了解它们的需求，第一手体验自己的产品（以及竞争对手的），这些工作没有任何别的可以替代。这些体验将帮助企业保持脚踏实地，绕过不可避免的在信息向上传递过程中的"消息自我改进"（news improvement）。[24]

对企业内部问题也可以采取同样的方法。来一个"现场走访"（gemba walk）——实地参观考察，观察流程并询问相关问题，是精益管理的基本原则，并会真正产生收益。[25]

在日子还过得去的当下思考下一步

埃里克·霍弗在他 1951 年的经典著作《狂热分子》（*The True Believer*）中描述了他深刻的观察：

> 强者可能和弱者一样胆小。比拥有权力更重要的是对未来的信心。当权力与未来的信念没有结合在一起时，权力的主要用途就变成抵御新事物和保持现状。
>
> 对未来的恐惧会让人紧抓住现在不放，对未来的信念让人热衷改变现状……当现在看上去如此完美，我们最能期待的是它会延续到未来，改变只会造成恶化。因此，那些拥有最杰出成就的人、生活最充实幸福的人，往往也是最反对剧烈创新的人。[26]

每一个成功产品的生命周期都是有限的。如果组织希望超越适应周期，则必须在末日来临之前追求新的机会。如霍弗明确表达的观点：临界点来自情感，而不是逻辑。

为了保持适应能力，避免产生窒息的保守主义，决不能让当下的舒适胜过对未来的兴奋。这意味着在当下产品达到峰值之前，就要开始着手新的尝试。

早在 1957 年，彼得·德鲁克就表达了同样的观点。在《明天的里程碑》(*Landmarks of Tomorrow*) 一书中，他阐述了关于这个主题的永不过时的看法，特别是他提出的三项建议。

第一，如果等到增长放缓再追求新的机会，已经太迟了。第二，组织必须同时尝试多个新机会，因为任何一个计划成功的概率都微乎其微。第三，组织必须认识到这些探索都具有不确定性。

用德鲁克的话来说，必须"体会尚未可知的"并"做似乎不可能的"来保障未来。[27] 理想情况下，在每一个关键阶段——爆发、稳定成长和保守，都需要一个运营单位或产品。

曾经为《地心引力》和《哈利·波特》等电影制作特效的 Framestore 公司自 1986 年成立以来一直践行着这些原则。公司保持着企业精神和健康的风险偏好，创造性地开辟了新领域，并充分利用一波波的科技发展浪潮。

Framestore 从为电视剧和电影制作视觉效果起家，之后成功地将业务扩展至内容创造、广告和数字标牌，构建了自己的动作捕获系统，成立了风险投资部门，并且是最先推出专门打造虚拟现实的工作室的企业之一。通过不断关注未来的科技，他们从未牺牲自己的适应能力，并因此得到蓬勃发展。[28]

在追求新的机遇时，必须情愿放弃过去。应避免对那些难以产生回报的产品或服务保有念旧情绪，即便你的品牌与它们有密切关联。

建设性的放弃是正确的选择。如果一个产品不够好，就想法扭转局面、卖掉它或丢掉它。索尼的例子非常令人难以置信，它竟然允许其电视业务亏损超过 70 亿美元——连续 10 年亏损——最后终于将这项业务拆分，成立了独立的子公司。[29]

让新的机会拥有新的配置

我反复强调，成功来自网格所有元素的相互作用。每一部分都必须彼此配合，创造一个连贯的整体。

在探索新的机会时，必须给予其足够的结构自由才能成功。给新的产品套上旧的成本结构是行不通的。同样，从一个未成熟的品类中尝试获得巨大的销售额也不现实。如果一个激动人心的新机会将冲淡旧品牌或混淆客户，那么创建一个新品牌可能更安全。

要真正保持适应性，每个元素都必须能够自由地对改变进行响应。不论企业是初创还是已经长大，规则是一样的——必须追求整体效益，调整每一个元素以实现这一目标。

关键问题

现金状况

- 如何改善现金状况？
- 如何减少周转资金？

- 员工是否知道他们的决策会如何影响企业现金情况？

可扩展性或能力

- 企业是否可以轻松地扩展或缩减？
- 经营中是否有足够的空间允许相应改变？

复杂度和僵化度

- 企业目前位于适应周期的哪个阶段？
- 企业看上去是否正在走向下一个阶段？

保持适应能力

- 你是否正走在四大危险轨道上？如果是，是哪一个？
- 你是否掉入过第一版陷阱？——因为新加入的竞争对手不如自己就将其忽略？
- 你是否应该着手做下一件大事？如果不是现在，又是何时？

结　语

我正写作结束语之时，另一宗银行丑闻爆发，这次丑闻的主角是富国银行。

富国银行的战略——向现有客户交叉销售产品——非常合理：客户使用的服务越多，预计转换成本越高，每个客户产生的收入也越多。CEO 约翰·斯坦普夫的口头禅是"伟大的 8"。此处"8"指的是他想要每个客户拥有的产品数量。[1] 为了执行这一战略，员工奖金和积极的交叉销售额捆在一起考核。问题自此产生。如果员工没有完成配额，则会有被解雇的风险，很多员工不得不疲于应付。[2]

根据《纽约时报》报道，富国银行的员工经常产生恐慌感，甚至在压力下身体出现带状疱疹。有一名员工甚至喝办公室的洗手液上瘾，以消除自己的焦虑。[3] 在如此强大的压力下，为了达到目标，员工们甚至在未经客户同意或不知情的情况下擅自为客户开立账户和信用卡。

五年时间里，富国银行的员工开立了约 150 万个未经授权的账户，以及 50 万张未经授权的信用卡，为银行带来 260 万美元的收入。[4]《洛杉矶时报》的报告揭露这一丑闻后，监管局开始介入调查。[5]

富国银行同意支付 1.85 亿美元的罚款，并放弃导致欺诈行为的销售目标。[6]斯坦普夫同意放弃 4100 万美元的股票分红。[7]但这还不够，在为银行工作 34 年后，他辞去 CEO 的职位而未能带走任何补偿，银行声誉也同时遭受严重损害。[8]

这个例子，和其他类似的众多例子一样，正表达出本书的主旨：让网格的一两个元素主导其他元素，最终必然导致不利的后果。让一两个指标高于所有其他指标——不论是数量、现金，还是成本——都会造成企业的不平衡，终会倒下。网格的每一个方格都很重要。

这个例子还表现了本书的第二个关键主题。没有人能逃脱因果定律。组织的大小或形式无关紧要——更改企业的一个元素必将影响到另一个元素。明智的决策必须要考虑到二阶效应（second-order effects）——网格的其余元素将受到什么样的影响——然后尽可能做出最佳权衡。

富国银行设置如此强势的目标可能会对销量有所推动，但其长期带来的后果破坏了品牌形象、降低了客户体验并额外带来了 1.85 亿美元的成本损失。对于约翰·斯坦普夫来说，我敢肯定，这不是他希望看到的结束他原本辉煌的职业生涯的方式。

首先，网格是一种思考和交流工具——一种为混乱的挑战带来结构、分享观点并探讨行动意义的手段。虽然我对网格会改善合作和决策寄予厚望，但它还是不能告诉你该做什么，它只能暗示该考虑哪些因素。

由于每一个成功的企业都是网络各元素的独特配置，所以每一个决策都应该由该配置的特定背景所驱动。对一家公司适用的方法不一定对另一家公司适用。

我不是第一个，也不会是最后一个得出这个结论的人，但事实是，没有所谓"正确"的战略，没有确保成功的灵丹妙药或处方。必须有勇气耕种自己的一亩三分地。用风险投资家本·霍洛维茨的话来说，世上没有传说的银弹，只有铅弹。[9][①]

本书的写作过程是一个直击内心的体验，让我对企业家、领导者和决策者的敬意不断加深，他们一次又一次带领着自己的企业走向一个又一个成功。同时，也许有人不能理解，我也深深敬佩那些并没有做到这点的人。也许因为对于我来说，在写作本书的时候，我不可能不反思自己的弱点。

也就是说，虽然网格暴露了我的许多缺点，但我却从来没有像现在这样有信心驾驭它。开创、发展或扭转一个企业是一项具有高度创造性和苛刻的任务，但最终会是一个令人充实满足的体验。我希望网格会是你独特的商业冒险的忠实伙伴，一路与你同行。

万分感谢，祝好运！

---

① 银弹（silver bullet）原指能让狼人一枪毙命的子弹，后比喻某种能让生产力产生数量级提升的超级方法。铅弹（lead bullet）则比喻解决次要问题、循序渐进的方法。——译者注

注 释

注释中列出的网站的访问时间是 2016 年 1 月至 2017 年 4 月。

前言
1. Box, G. E. P., 'Robustness in the Strategy of Scientific Model Building', in R. L. Launer and G. N. Wilkinson, eds., *Robustness in Statistics* (New York: Academic Press, 1979), 201–36.

引言
1. See www.egoscue.com.
2. Myers, T.W., *Anatomy Trains* (London: Elsevier, 2009).
3. Watkinson, M., The Ten Principles Behind Great Customer Experiences (Harlow: FT Press, 2013).
4. See Arthur, W.B., *Complexity and the Economy* (Oxford: Oxford University Press, 2014).

第一章
1. See Magretta, J., *Understanding Michael Porter: The Essential Guide to Competition and Strategy* (Boston: Harvard Business Review Press, 2012; Kindle edn), ch. 2.

2. Rumelt, R., *Good Strategy Bad Strategy: The Difference and Why It Matters* (New York: Crown Business, 2011; Kindle edn), ch. 8.
3. http://www.tetrapak.com/us/about/history.

第二章

1. Porter, M. E., *Competitive Strategy: Techniques for Analysing Industries and Competitors* (New York: The Free Press, 1998; Kindle edn), ch. 5, section 3.
2. http://www.forbes.com/sites/joannmuller/2013/04/17/volkswagens-mission-to-dominate-global-auto-industry-gets-noticeably- harder/#354d5c2c1ab6.
3. http://www.caranddriver.com/news/vw-plans-to-triple-us-vehicle-sales-news.
4. https://www.nytimes.com/2015/10/05/business/engine-shortfall-pushed-volkswagen-to-evade-emissions-testing.html?_r=0.
5. Ibid.
6. Ibid.
7. Volkswagen stopped licensing Daimler's BlueTec solution in 2007 to save costs. Following the scandal, they settled on this strategic route again, adopting AdBlue, another alternative that was more expensive than their current defective system. See http://www.wsj.com/articles/vw-to-cut-investment-by-1-billion-a-year-1444728786.
8. https://www.nytimes.com/interactive/2015/business/international/ vw-diesel-emissions-scandal-explained.html.
9. Ibid.
10. https://www.nytimes.com/2016/10/26/business/relief-at-last-for-us-owners-of-diesel-volkswagens.html.
11. http://www.wsj.com/articles/vws-dealers-fume-while-waiting-for-diesel-car-fix-1468604636.
12. https://www.bloomberg.com/news/articles/2016-08-25/vw-reaches-agreement-with-dealerships-over-diesel-cheat-losses.
13. http://www.thetruthaboutcars.com/2015/09/volkswagens-diesel-cars-sitting-u-s-ports-months/.
14. https://www.nytimes.com/2016/04/23/business/international/volkswagen- loss-emissions-scandal.html.
15. https://www.wired.com/2015/09/volkswagen-diesel-cheating-scandal-is-good-for-hybrid-cars/.

第三章

1. DeMarco, T., Hruschka, P., et al., *Adrenaline Junkies and Template Zombies* (New York: Dorset House, 2008), pattern 86: 'Template Zombies'.
2. http://www.innocentdrinks.co.uk/us/our-story.
3. Segal, G. Z., *Getting There: A Book of Mentors* (New York: Abrams Image, 2015; Kindle edn), 30.
4. Burlingham, B., *Small Giants: Companies that Choose to Be Great Instead of Big* (2005; 10th anniversary edn, New York: Portfolio/Penguin, 2016; Kindle edn).
5. Rumelt, R., Good Strategy Bad Strategy: The Difference and Why It Matters (New York: Crown Business, 2011), 77.

第二部分 深潜

1. See CB Insights, 'The Top Twenty Reasons Startups Fail' (7 October 2014), available at www.cbinsights.com. Noted venture capitalist Marc Andreesen also agrees that the number-one cause of start-up failure is a lack of market. See http://web.archive.org/web/20070701074943/http:// blog.pmarca.com/2007/06/the-pmarca-gu-2.html.

第四章

1. http://www.economist.com/node/14857221.
2. Ibid.
3. Ibid.
4. https://www.revolution.watch/jean-claude-biver-on-record-part-1-of-3/.
5. See CB Insights, 'The Top Twenty Reasons Startups Fail' (7 October 2014), available at www.cbinsights.com.
6. Hankel, I., *Black Hole Focus* (Chichester: Capstone, 2014; Kindle edn), ch. 5.
7. Bloom, P., *How Pleasure Works* (London: The Bodley Head, 2010), xii.
8. Festinger, L., *A Theory of Cognitive Dissonance* (California: Stanford University Press, 1957).
9. Dobelli, R., *The Art of Thinking Clearly* (London: Sceptre, 2013), 23–8.
10. Hargittai, B., and Hargittai, I., *Wisdom of the Martians of Science: In Their Own Words with Commentaries* (New Jersey: World Scientific, 2015), 151.
11. Baudrillard, J., *For a Critique of the Political Economy of the Sign* (New York: Telos Press, 1981), 63–6.
12. http://www.coca-cola.co.uk/packages/history/share-a-coke/.

13. McDonald, M., and Dunbar, I., *Market Segmentation: How to Do It, How to Profit From It* (Chichester, John Wiley & Sons, 2012; Kindle edn), ch. 3, section 5.
14. http://newsroom.toyota.co.jp/en/detail/12077091/.
15. http://www.nytimes.com/2007/07/04/business/04hybrid.html?_r=0.
16. https://www.vitsoe.com/gb/about/ethos.
17. Bohlen, Joe M., and Beal, George M., *The Diffusion Process*, Special Report No. 18 (Cooperative Extension Service, Iowa State College, 1957), 5–6. Accessed online at http://www.soc.iastate.edu/extension/pub/comm/ SP18.pdf.
18. Moore, G. A., *Crossing the Chasm: Marketing and Selling Disruptive Products to Mainstream Customers* (New York: Harper Business, 2014), 16–17.
19. See http://pmarchive.com/guide_to_startups_part5.html for a humorous and insightful take on this challenge by noted venture capitalist Marc Andreesen. His advice: 'First, don't do start-ups that require deals with big companies to make them successful. The risk of never getting those deals is way too high, no matter how hard you are willing to work at it. And even if you get the deals, they probably won't work out the way you hoped.'
20. Watkinson, M., *The Ten Principles Behind Great Customer Experiences* (Harlow: FT Press, 2013), 45–56.
21. https://www.shoreditchhouse.com/membership.
22. Riezebos, R., and van der Grinten, J., *Positioning the Brand: An Inside-Out Approach* (London: Routledge, 2012; Kindle edn), ch. 4, section: 'Brand- Product Class Connection'.
23. http://www.thisismoney.co.uk/money/cars/article-2451159/Aston-Martin- pulls-Cygnet-selling-fewer-150-years.html.
24. Reason, J., *Human Error* (New York: Cambridge University Press, 1990), 5.
25. Berry, L., and Parasuraman, A., *Marketing Services: Competing Through Quality* (New York: The Free Press, 1991), part 2, ch. 2 and 3.
26. http://www.theatlantic.com/international/archive/2015/02/how-an-ad-campaign-invented-the-diamond-engagement-ring/385376/.
27. Asacker, T., *The Business of Belief* (Tom Asacker, 2013; Kindle edn), 61.
28. Ibid. 70.
29. Ibid. 65.
30. Krychman, Michael L., *100 Questions & Answers About Women's Sexual Wellness and Vitality* (Sudbury: Jones & Bartlett Learning, 2010), 91–2.
31. Christensen, C., *The Clayton M. Christensen Reader* (Boston: Harvard Business Review

Press, 2016), 46
32. Merlin, B., *The Complete Stanislavsky Toolkit* (London: Nick Hern Books, 2007), 219–26.
33. Ibid. 91–7.
34. https://onlinedoctor.lloydspharmacy.com/uk/mens-health.
35. https://onlinedoctor.lloydspharmacy.com/uk/info/about-us.
36. Watkinson, *The Ten Principles*, 80–3.
37. http://www.nytimes.com/2001/01/28/business/business-did-you-hear- the-one-about-the-superjumbo-that-ate-the-airport.html.
38. https://www.bloomberg.com/news/articles/2016-07-12/ airbus-plans-to-cut-annual-a380-deliveries-to-12-as-of-2018.
39. McNish, J., Silcoff, S., *Losing the Signal: The Untold Story Behind the Extraordinary Rise and Spectacular Fall of BlackBerry* (New York: Flatiron Books, 2015), 241.
40. https://www.statista.com/statistics/258749/ most-popular-global-mobile-messenger-apps/.
41. Seba, T., *Winners Take All: The Nine Fundamental Rules of High Tech Strategy* (San Francisco: Tony Seba, 2006), 192–3.
42. http://www.wsj.com/articles/theranos-has-struggled-with-blood-tests- 1444881901?mg=id-wsj.
43. http://www.vanityfair.com/news/2016/09/ elizabeth-holmes-theranos-exclusive.
44. See note 42 above.
45. http://www.wsj.com/articles/u-s-regulator-bans-theranos-ceo-elizabeth-holmes-from-operating-labs- for-two-years-1467956064.
46. http://www.forbes.com/sites/matthewherper/2016/06/01/from-4-5-billion-to-nothing-forbes-revises-estimated-net-worth-of- theranos-founder-elizabeth-holmes/#2bf9da702f29.
47. http://www.wsj.com/articles/theranos-is-subject-of-criminal-probe-by-u-s-1461019055.
48. Rogers, E. M., *Diffusion of Innovations* (5th edn, New York: Free Press, 2003), 258.
49. Ibid.
50. See www.goruck.com and http://www.goruck.com/gr1-explained.
51. Dr B. J. Fogg's behaviour-change model expands on this point. He makes the key point that the easier a target behaviour is to perform, the more likely a customer is to do it. Increasing training is a viable option, but less preferable to simplifying the task they must perform. See http://www. behaviormodel.org/for more details.
52. Loewy, R., *Never Leave Well Enough Alone* (New York: Simon & Schuster, 1950), 325–31.
53. Ibid.

54. https://www.netjets.com/AboutNetJets/Our-History/.
55. https://www.netjets.com/why-netjets/Largest-Finest-Fleet/.
56. Tony Seba suggests a similar approach. See note 43.
57. https://www.theguardian.com/business/2016/apr/18/ dan-wagner-powa-technologies.
58. http://www.businessinsider.com/inside-the-crash-of-londons-payment- unicorn-powa-technologies-2016-4.

第五章

1. Credit to my neighbour Draža Janksy for pointing this out during the development of the manuscript.
2. For more detail on this topic I recommend: Magretta, J., *Understanding Michael Porter: The Essential Guide to Competition and Strategy* (Boston: Harvard Business Review Press, 2012; Kindle edn), ch. 1.
3. See Goddard, J., and Eccles, T., *Uncommon Sense, Common Nonsense: Why Some Organisations Consistently Outperform Others* (London: Profile Books, 2013). See section 'Losers look to competitive benchmarks rather than to their own imagination for their model of success.'
4. Adapted from Pfenning, D., and Pfenning, K., *Evolution's Wedge: Competition and the Origins of Diversity* (Berkeley: University of California Press, 2012), 2: 'Any direct or indirect interaction between species or populations that reduces access to vital resources or successful reproductive opportunities and that is therefore deleterious – on average – to both parties.'
5. Liddell Hart, B. H., *Strategy* (London: Faber & Faber, 1954), xx.
6. Darwin, C., *On the Origin of the Species: By Means of Natural Selection or The Preservation of Favoured Races in the Struggle for Life* (1859; New York: Cosimo, 2007), cited in Pfenning and Pfenning, *Evolution's Wedge*, 4.
7. McDonald, M., and Dunbar, I., *Market Segmentation: How to Do It, How to Profit From It* (Chichester: John Wiley & Sons, 2012; Kindle edn), ch. 3, section 4.
8. http://www.theregister.co.uk/2011/10/18/vodafone_kills_360/.
9. Riezebos, R., and van der Grinten, J., *Positioning the Brand: An Inside-Out Approach* (London: Routledge, 2012), ch. 4, section: 'Brand-Product Class Connection'.
10. See Thorndike, W. N., *The Outsiders: Eight Unconventional CEOs and Their Radically Rational Blueprint for Success* (Boston: Harvard Business Review Press, 2012; Kindle edn). A willingness to exit low-return businesses was a characteristic shared by the CEOs

profiled in Thorndike's book.
11. Farris, P. W., Bendle, N. T., Pfeifer, P. E., and Reibstein, D. J., *Key Marketing Metrics: The 50+ Metrics Every Manager Needs to Know* (Harlow: Pearson Education, 2009), 23–4.
12. http://www.wsj.com/articles/is-the-tech-bubble-popping-ping-pong- offers-an-answer-1462286089?mg=id-ws.j.
13. Porter, M. E., *Competitive Strategy: Techniques for Analysing Industries and Competitors* (New York: The Free Press, 1998; Kindle edn), ch. 1.
14. Ibid.
15. https://www.bloomberg.com/news/articles/2015-10-30/new-york-hotel-group-goes-on-offensive-against-airbnb-rentals.
16. http://news.bbc.co.uk/onthisday/hi/dates/stories/january/11/ newsid_2520000/2520189.stm. For more details, see Gregory, M., *Dirty Tricks: British Airways' Secret War against Virgin Atlantic* (London: Virgin Publishing, 1994; revised edn, 2000).
17. Riezebos and van der Grinten, *Positioning the Brand*, 80.
18. McNish, J., and Silcoff, S., *Losing the Signal: The Untold Story Behind the Extraordinary Rise and Spectacular Fall of BlackBerry* (New York: Flatiron Books, 2015), 231.
19. Lafley, A. G., and Martin, R. L., *Playing to Win: How Strategy Really Works* (Boston: Harvard Business Review Press, 2013), ch. 3.
20. Knee, J. A., Greenwald, B. C., and Seave, A., *The Curse of the Mogul* (New York: Profile, 2009; Kindle edn), ch. 2, section 2.3: 'Real Competitive Advantages/Cost'.
21. Ries, A., and Trout, J., *Positioning: The Battle For Your Mind* (New York: McGraw-Hill, 2000; Kindle edn), 196.
22. For Richard Huntington's Value Map see http://www.slideshare.net/ adliterate/value-grid.
For Ray Korduspleski's take, see his *Mastering Customer Value Management* (Cincinnati: Pinnaflex, 2003), 25–8.
23. http://www.luxottica.com/en/oakley-merge-luxottica-group-us2930-share.
24. https://www.wired.com/2008/08/ff-redcamera/.
25. Nagle, T. T., Hogan, J. E., and Zale, J., *The Strategy and Tactics of Pricing* (New Jersey: Prentice Hall, 2011), 181–2.
26. Porter, M. E., *Competitive Strategy: Techniques for Analysing Industries and Competitors* (New York: The Free Press, 1998; Kindle edn), ch. 1.
27. Christensen, C. M., *The Innovator's Solution: Creating and Sustaining Successful Growth* (Boston: Harvard Business Review Press, 2013; Kindle edn).

28. Schwartz, B., *The Paradox of Choice: Why More is Less* (New York: Harper Perennial, 2004).
29. Isaacson, W., *Steve Jobs* (London: Little, Brown, 2011), 337.
30. Grove, A. S., *Only the Paranoid Survive: How to Exploit the Crisis Points That Challenge Every Company* (New York: Random House, 1999), 107.
31. Sung, E., *Customer Moat: How Loyalty Drives Profit* (Eddie Sung, 2016), ch. 2, section 3.

第六章

1. Baudrillard, J., *For a Critique of the Political Economy of the Sign* (New York: Telos Press, 1981), 63–6.
2. Higgins, T., *Beyond Pleasure and Pain: How Motivation Works* (New York: Oxford University Press, 2012), 49.
3. Simon, H., *Confessions of the Pricing Man: How Price Affects Everything* (Switzerland: Springer, 2015; Kindle edn), ch. 3.
4. Pricken, M., *The Essence of Value* (Erlangen: Publicis, 2014), 36–58, 182.
5. I wrote about this topic at length in my previous book, *The Ten Principles Behind Great Customer Experiences* (Harlow: FT Press, 2013). My thinking on the subject was greatly inspired by Dr Thayer's research into mood management. See Thayer, R., *The Origin of Everyday Moods: Managing Energy, Tension and Stress* (New York: Oxford University Press, 1996).
6. See note 5.
7. Tiger, L., *The Pursuit of Pleasure* (New Jersey: Transaction Publishers, 2000), 53–4.
8. Ibid. 54–6.
9. Berger, J., *Contagious: Why Things Catch On* (New York: Simon & Schuster, 2013), ch. 4.
10. Deci and Ryan's influential *Self-Determination Theory* proposes that a feeling of autonomy is an innate psychological need. See Deci, I. L., and Ryan, R. M., *Intrinsic Motivation and Self-Determination in Human Behavior* (New York: Plenum Press, 1985). Psychologist Tory Higgins also supports the notion that a feeling of control is a fundamental human motivator. See Higgins, T., *Beyond Pleasure and Pain: How Motivation Works* (New York: Oxford University Press, 2012).
11. Moore, G. A., *Crossing the Chasm: Marketing and Selling Disruptive Products to Mainstream Markets* (New York: Harper Business, 2014), 186.
12. https://petapixel.com/2015/06/04/mirrorless-now-the-official-name-of- the-camera-market-dominated-by-sony/.

13. http://mashable.com/2015/08/02/google-plus-history/#bKf2Q3FnTPqx.
14. Paul Graham, co-founder of seed capital firm Y Combinator, makes a similar point, advising start-ups to launch when they have a 'quantum of utility' – the point where a potential customer can now do something they couldn't do before. https://news.ycombinator.com/item?id=542768.
15. https://www.tesla.com.
16. Kahneman, D., *Thinking, Fast and Slow* (London: Allen Lane, 2011), 378–80.
17. Ibid. 381.
18. Berry, L., and Parasuraman, A., *Marketing Services: Competing Through Quality* (New York: The Free Press, 1991; Kindle edn), ch. 4.
19. https://www.airnewzealand.com/press-release-2016-air-new-zealand-heads-to-hollywood-for-its-latest- safety-video.
20. http://www.airlineratings.com/awards.php.
21. http://www.nytimes.com/2009/04/16/business/media/16dominos.html.
22. http://www.fool.com/investing/general/2013/11/20/why-dominos-spent- millions-to-fix-its-pizza.aspx.
23. http://anyware.dominos.com.
24. http://www.cpbgroup.com/work/dominos/dominos-pizza-turnaround.
25. Ibid.
26. http://www.brandtags.com.
27. https://youtu.be/Vq9ap6JuXuc.
28. https://www.nytimes.com/2015/12/21/nyregion/unwrapping-mast- brothers-chocolatier-mythos.html.
29. http://dallasfood.org/2015/12/mast-brothers-what-lies-behind-the-beards-part-1-tastetexture/.
30. http://dallasfood.org/2015/12/mast-brothers-what-lies-behind-the-beards-part-3-ingredients/.
31. http://www.eater.com/2015/12/21/10634270/mast-brothers-scandal-admitted- chocolate.
32. http://www.vanityfair.com/culture/2015/02/ mast-brothers-chocolate-wrappers.
33. http://www.businessinsider.com/mast-brothers-sales-tank-at-trendy- shops-2016-1.
34. https://www.theguardian.com/music/2013/sep/27/ dr-dre-beats-1bn-carlyle-sale.
35. https://www.apple.com/pr/library/2014/05/28Apple-to-Acquire-Beats- Music-Beats-Electronics.html.
36. http://www.apple.com/shop/product/MHD02AM/B/urbeats-earphones- black.

37. Ibid.
38. Sharp, B., *How Brands Grow: What Marketers Don't Known* (South Melbourne: Oxford University Press, 2010) 195.
39. http://www.patagonia.com/company-info.html.

第七章

1. https://www.bloomberg.com/features/ 2015-martin-shkreli-wu-tang-clan-album/.
2. http://www.rolls-royce.com/media/press-releases/yr-2012/121030-the- hour.aspx.
3. https://www.bloomberg.com/news/articles/2014-02-04/arm-chips-are-the-most-used-consumer-product-dot-where-s-the- money.
4. http://www.hpmuseum.net/exhibit.php?class=5&cat=20.
5. https://hbr.org/2013/01/burberrys-ceo-on-turning-an-aging-british- icon-into-a-global-luxury-brand.
6. https://www.theguardian.com/business/2013/jun/16/angela-ahrendts- burberry-chav-image.
7. Ibid.
8. Mohammed, R., *The 1% Windfall: How Successful Companies Use Price to Profit and Grow* (Harper Collins e-books, 2010; Kindle edn), introduction.
9. See 'Principle #2' in Sung, E., *Customer Moat: How Loyalty Drives Profit* (Eddie Sung, 2016).
10. Simon, H., *Confessions of the Pricing Man: How Price Affects Everything* (Switzerland: Springer, 2015; Kindle edn), ch. 5, section 6.
11. Nagle, T. T., Hogan, J. E., and Zale, J., *The Strategy and Tactics of Pricing* (New Jersey: Prentice Hall, 2011), 225.
12. See Mohammed, *The 1% Windfall*, ch. 1.
13. Ibid.
14. Nagle, T. T., Hogan, J. E., and Zale, J., *The Strategy and Tactics of Pricing* (New Jersey: Prentice Hall, 2011), 132.
15. https://www.nytimes.com/2015/10/25/fashion/a-365-foam-roller-it- exists.html.
16. Nagle, Hogan and Zale, *The Strategy and Tactics of Pricing*, 134.
17. http://www.mckinsey.com/business-functions/marketing-and-sales/ our-insights/pricing-new-products#0.
18. See note 10.
19. https://www.bloomberg.com/news/articles/2009-06-01/gm-files-for-

bankruptcybusinessweek-business-news-stock-market-and-financial- advice.
20. https://www.vitsoe.com/us/news/black-friday-16.
21. Simon *Confessions of the Pricing Man*, ch. 4: 'Premium Pricing'.
22. https://www.soul-cycle.com/our-story/.
23. Mohammed, *The 1% Windfall*, ch. 3.
24. Lovell, N., *The Curve: How Smart Companies Find High Value Customers* (London: Portfolio/Penguin Section, 2013; Kindle edn), preface.
25. http://www.red.com/news/red-dragon-begins-now.

第八章

1. This came up in conversation with a friend, Draža Janksy.
2. Galinsky, A., and Schweitzer, M., *Friend & Foe: When to Cooperate, When to Compete, and How to Succeed at Both* (London: Random House Business, 2015; Kindle edn), introduction.
3. Porter, M. E., *Competitive Strategy: Techniques for Analysing Industries and Competitors* (New York: The Free Press, 1998; Kindle edn).
4. http://www.newyorker.com/business/currency/why-are-there-so-many- shuttered-storefronts-in-the-west-village.
5. For more detail on factors underpinning buyer and supplier power, and strategies for buyer and supplier selection, see Porter, *Competitive Strategy*, chapters 1 and 6. For a lightweight introduction to the five forces analysis see Magretta, J., *Understanding Michael Porter: The Essential Guide to Competition and Strategy* (Boston: Harvard Business Review Press, 2012; Kindle edn).
6. http://www.inc.com/magazine/201606/jason-fried/saying-no-to-large- enterprise-customers.html.
7. Christensen, C. M., Allworth, J., and Dillon, K., *How Will You Measure Your Life* (New York: HarperCollins, 2012; Kindle edn), ch. 7
8. https://www.hodinkee.com/articles/ftc-takes-major-action-against- shinola-demands-where-american-is-made-slogan-to-be-dropped- immediately.
9. https://www.colorado.gov/marijuana.
10. http://www.latimes.com/business/la-fi-drone-rules-20160829-snap- htmlstory.html.
11. http://www.reuters.com/article/us-eu-microsoft-IDUSBRE 92500520130306.
12. http://www.reuters.com/article/us-intel-court-eu-IDUSKBN0E N0M120140612.
13. https://www.law.cornell.edu/uscode/text/15/1052.

14. https://www.washingtonpost.com/local/judge-upholds-cancellation-of- redskins-trademarks-in-a-legal-and-symbolic-setback-for-team/2015/07/ 08/5a65424e-1e6e-11e5-aeb9-a411a84c9d55_story. html?utm_term=.7a2ef382a7d5.
15. https://www.theguardian.com/environment/2016/jul/30/england-plastic- bag-usage-drops-85-per-cent-since-5p-charged-introduced.
16. http://www.pbs.gov.au/info/about-the-pbs#What_medicines_does_the_ government_subsidise.
17. https://www.ofcom.org.uk/about-ofcom/latest/features-and-news/ vodafone-fined-4. 6-million?utm_source=Twitter&utm_medium=Twitter&utm_ content=Vodafone.
18. http://www.nppaindia.nic.in/wh-new-2016/wh-new-29-2016.html.
19. http://abcnews.go.com/2020/Stossel/story?id=1954352&page=1.
20. https://www.theguardian.com/business/2016/aug/30/ apple-pay-back-taxes-eu-ruling-ireland-state-aid.
21. https://www.treasury.gov/initiatives/financial-stability/TARP-Programs/ Pages/default.aspx.
22. https://www.sec.gov/about/laws.shtml.
23. https://www.ft.com/content/5600f746-7f40-11e6-bc52-0c7211ef3198.
24. http://www.nytimes.com/2011/01/22/world/africa/22sidi.html?rref=collection%2Ftimestopic%2FBouazizi%2C%20Mohamed&action=click&content Collection=timestopics&region=stream&module=stream_unit&version= latest&contentPlacement=8&pgtype=collection.
25. http://world.time.com/2013/08/21/mubarak-and-the-arab-springs-other- villains-where-are-they-now/.
26. For a detailed look at the biological and evolutionary origins of fairness and cooperation, see Sun, L., *The Fairness Instinct: The Robin Hood Mentality and Our Biological Nature* (New York: Prometheus Books, 2013; Kindle edn), and Ridley, M., *The Origins of Virtue* (London: Penguin, 1996; Kindle edn).
27. Galinsky and Schweitzer, *Friend & Foe*, ch. 2.
28. Keltner, D., *The Power Paradox: How We Gain and Lose Influence* (New York: Penguin Press, 2016; Kindle edn), ch. 4.
29. McNish, J., and Silcoff, S., *Losing the Signal: The Untold Story Behind the Extraordinary Rise and Spectacular Fall of BlackBerry* (New York: Flatiron Books, 2015), 166–75.
30. Ibid. 214.
31. https://www.bloomberg.com/news/articles/2015-09-23/how-marketing-turned-the-

epipen-into-a-billion-dollar-business.
32. https://www.acep.org/content.aspx?id=104625.
33. https://obamawhitehouse.archives.gov/blog/2013/11/13/president-obama- signs-new-epipen-law-protect-children-asthma-and-severe-allergies-an.
34. See note 32.
35. http://abc.go.com/shows/the-view/video/pl5554876/VDKA0_0pse6qzt.
36. http://www.in-pharmatechnologist.com/Processing/Sanofi-abandoning-Auvi-Q-after-dosage-problems-led-to-total-recall.
37. https://www.bloomberg.com/news/articles/2016-03-01/mylan-s-epipen- gets-boost-as-fda-spots-holes-in-teva-application?cmpid=yhoo. headline.
38. http://time.com/4465954/epipen-myland-cost-fix-problems/.
39. See note 32.
40. See note 32.
41. http://www.forbes.com/sites/emilywillingham/2016/08/21/why-did-mylan- hike-epipen-prices-400-because-they-could/#578fc668477a.
42. http://well.blogs.nytimes.com/2016/08/25/how-parents-harnessed-the-power- of-social-media-to-challenge-epipen-prices/?_r=0.
43. http://www.klobuchar.senate.gov/public/2016/8/klobuchar-calls-for-ftc-investigation-of-mylan-pharmaceuticals-for-possible-antitrust- violations-in-light-of-dramatic-price-increase-of-epipen-packs.
44. http://www.grassley.senate.gov/sites/default/files/constituents/upload/ 2016-08-24%20CEG%20PJ%20AK%20RB%20RJ%20to%20FDA%20 (Mylan%20EpiPen)_Redacted.pdf.
45. http://www.wsj.com/articles/mylan-to-pay-465-million-in-epipen-settlement-1475874312?mg=id-wsj.
46. http://www.cnbc.com/2016/08/25/mylan-expands-epipen-cost-cutting-programs-after-charges-of-price-gouging.html.
47. http://www.nbcnews.com/business/consumer/mylan-execs-gave-themselves-raises-they-hiked-epipen-prices-n636591.
48. http://fortune.com/2016/09/21/mylan-stock-low/.
49. http://www.wsj.com/articles/mylan-launches-cheaper-generic-epipen-alternative-1481896300.
50. Keltner, D., *The Power Paradox*, epilogue.
51. http://taylorswift.tumblr.com/post/122071902085/to-apple-love-taylor

52. Apple vs GTAT paints an interesting picture of how the tech giant can deploy its bargaining power. See http://www.forbes.com/sites/ chuckjones/2014/10/30/this-is-why-apple-did-not-want-its-gtat-contracts-made- public/#55eb5baa35a0.
53. http://www.bbc.com/news/entertainment-arts-33220189.

第九章

1. http://www.businessinsider.com/cost-cutting-at-dropbox-and-silicon- valley-startups-2016-5.
2. http://www.vanityfair.com/news/2016/05/dropbox-is-keeping-its-chrome-panda-statue-to-remind-itself-about-the- importance-of-frugality.
3. http://www.bizjournals.com/sanfrancisco/morning_call/2016/06/ dropbox-is-in-the-post-unicorn-era-says-ceo.html.
4. See note 1.
5. Wileman, A., *Driving Down Cost: How to Manage and Cut Costs – Intelligently* (London: Nicholas Brealey Publishing, 2010; Kindle edn), 55–7.
6. http://www.businessinsider.com/inside-the-crash-of-londons-payment-unicorn- powa-technologies-2016-4.
7. Vance, A., *Elon Musk: How the Billionaire CEO of SpaceX and Tesla is Shaping our Future* (London: Ebury Publishing, 2015; Kindle edn), ch. 6.
8. Ibid. ch. 9
9. Robertson, D. C., *Brick By Brick: How LEGO Rewrote the Rules of Innovation* (London: Random House Business Books, 2013), 202.
10. Ibid. 23.
11. Ibid. ch. 7.
12. http://time.com/4253546/ingvar-kamprad-ikea-billionaire-frugal-clothes/.
13. Kamprad, I., *The Testament of a Furniture Dealer* (Inter IKEA Systems BV, 1976).
14. Ibid. 207.
15. The Toyota Production System distinguishes between seven sources of waste. I have included the four that are most prevalent in my experience. For more detail, see: Liker, J. K., *The Toyota Way* (New York: McGraw- Hill, 2004), 28–9.
16. https://www.fastcompany.com/3025315/fast-feed/shaving-startup- harrys-buys-razor-factory-for-100-million.
17. Bragg, S. M., *Cost Management* (Centennial: Accounting Tools Inc, 2014; Kindle edn), ch. 1.

18. Ibid. 124.
19. Ibid. 48–9.
20. http://www.wsj.com/articles/SB10359299434940037512?mg=id-wsj.
21. http://www.nytimes.com/2002/07/22/us/worldcom-s-collapse-the- overview-worldcom-files-for-bankruptcy-largest-us-case.html?_r=0.
22. http://www.washingtonpost.com/wp-dyn/content/article/2005/07/13/ AR2005071300516.html.
23. The theory of constraints became well known after the success of Goldratt's book *The Goal* – see Goldratt, E. M., and Cox, J., *The Goal: A Process of Ongoing Improvement* (1984; 30th anniversary edn, Great Barrington: The North River Press Publishing Corporation, 2014). William Dettmer also provides a thorough introduction – see Dettmer, H. W., *Breaking the Constraints to World-Class Performance* (Milwaukee: ASQ Quality Press, 1998).

    The theory's application to capital expenditure is mentioned in Techt, U., *Goldratt and the Theory of Constraints: The Quantum Leap in Management* (Stuttgart: Ibidem Press, 2015), ch. 6, and Bragg, *Cost Management*, ch. 7.
24. For an excellent primer on capital expenditure calculations, see Berman, K., Knight, J., and Case, J., *Financial Intelligence: A Manager's Guide to Knowing What the Numbers Mean* (Boston: Harvard Business Review Press, 2013), part 6.

第十章

1. Grove, A. S., *Only the Paranoid Survive: How to Exploit the Crisis Points That Challenge Every Company* (New York: Random House, 1999), 65.
2. http://www.forbes.com/sites/ryanmac/2013/03/04/the-mad-billionaire- behind-gopro-the-worlds-hottest-camera-company/#5bb00b435a75.
3. http://marcbarros.com/build-brand-awareness-first-distribution-second/.
4. Ries, L., *Visual Hammer* (Laura Ries, 2015).
5. Suggestion from conversation with Catrina Funk.
6. As note 5.
7. http://www.businessinsider.com/most-expensive-apple-watch-2015-3.
8. https://www.marinelayer.com.
9. https://www.headspace.com.
10. https://www.apple.com/pr/library/2001/10/23Apple-Presents-iPod.html.
11. https://www.bloomberg.com/news/articles/2016-09-08/death-of-apple- s-17-000-gold-

watch-leaves-swiss-rivals-smiling.
12. Berger, J., Contagious: Why Things Catch On (New York: Simon & Schuster, 2013), ch. 2.
13. Grimm, K., 'Communications', in N. Gallagher and L. Myers, eds., Patagonia Tools for Grassroots Activists (Ventura: Patagonia Books, 2016), 101.
14. http://www.martinagency.com/clients/geico.
15. https://www.geico.com/about/corporate/at-a-glance/.
16. http://www.independent.co.uk/news/business/news/transferwise-valued- at-1bn-by-top-silicon-valley-venture-capital-fund-10002618.html.
17. Sharp, B., How Brands Grow: What Marketers Don't Known (South Melbourne: Oxford University Press, 2010), 210.
18. Ibid. 32–4.
19. Ibid. 35.
20. Ibid.
21. Ibid. 110.
22. Ibid. 23.
23. Ibid. 41–5.
24. Ibid. 13.
25. Humby, C., Hunt, T., and Phillips, T., Scoring Points: How Tesco Continues to Win Customer Loyalty (London: Kogan Page, 2008), 30–2.
26. Ibid. 11–12.
27. http://www.forbes.com/sites/johnellett/2014/09/14/sephoras-winning- formula-highly-relevant-personalized-data/#21de7aa42459.
28. Humby, Hunt and Phillips, Scoring Points, 19–24.
29. Capgemini Consulting, Fixing the Cracks: Reinventing Loyalty Programs for the Digital Age (Capgemini, 2015).
30. Ibid. ch. 11.
31. http://adage.com/article/datadriven-marketing/ starbucks-data-pours/240502/.
32. Kordupleski, R., Mastering Customer Value Management (Cincinnati: Pinnaflex, 2003), xv.
33. Ibid. xvi.
34. Ibid. xviii.
35. Farris, P. W., Bendle, N. T., Pfeifer, P. E., and Reibstein, D. J., Key Marketing Metrics: The 50+ Metrics Every Manager Needs to Know (Harlow: Pearson Education, 2009), 132–7.

36. Ibid. 134.
37. Ibid. 142–50.
38. Ibid. 151–3.
39. Reichheld, F., and Markey, R., The Ultimate Question 2.0 (Boston: Harvard Business School Publishing, 2011), 4–6.
40. Ibid. 62.
41. Freed, L., Innovating Analytics: How the Next Generation of Net Promoter Can Increase Sales and Drive Business Results (Hoboken: John Wiley & Sons, 2013; Kindle edn), ch. 3.
42. Ibid.
43. Ibid. ch. 4.
44. Ibid.
45. Ibid. ch. 6.

第十一章

1. https://www.bloomberg.com/news/articles/2015-03-26/meerkat-gets-14-million-as-livestreaming-becomes-tech-fad-again.
2. Data sourced from https://www.appannie.com.
3. http://www.recode.net/2016/3/4/11586696/meerkat-is-ditching-the-livestream-and-chasing-a-video-social-network.
4. http://sprudge.com/exclusive-aeropress-inventor-alan-adler-selling- company-111887.html.
5. Palfrey, J., *Intellectual Property Strategy* (Cambridge: The MIT Press, 2011), introduction.
6. Johnson, S., *Guide to Intellectual Property: What it is, how to protect it, how to exploit it* (London: Profile, 2015; Kindle edn), ch. 2.
7. Sherman, A. J., *Harvesting Intangible Assets* (New York: Amacom, 2012; Kindle edn), ch. 5.
8. See Note 6.
9. http://www.nytimes.com/2005/12/17/world/americas/an-unlikely- trendsetter-made-earphones-a-way-of-life.html.
10. http://www.telegraph.co.uk/news/uknews/1368860/Dyson-cleans-up-in- patent-battle-with-rival-Hoover.html.
11. See note 7.
12. http://www.nytimes.com/2007/09/13/sports/13iht-prix.5.7500107.html.
13. http://theweek.com/articles/457529/blurred-lines-5-other-popular- songs-sued-copyright-infringement.

14. http://www.autocar.co.uk/car-news/guangzhou-motor-show/ land-rover-complain-about-chinese-copy-range-rover-evoque.
15. http://www.bbc.com/news/technology-23530337.
16. Johnson, *Guide to Intellectual Property*, ch. 3.
17. See note 7.
18. https://www.hodinkee.com/articles/can-you-guess-how-many-fake- watches-were-seized-last-year.
19. Johnson, *Guide to Intellectual Property*, ch. 8.
20. Ibid. ch. 4.
21. http://www.bbc.com/news/technology-28525440.
22. Roland, A., *Model Research Volumes 1 & 2* (Washington DC: National Aeronautics and Space Administration, 1985), ch. 2: 'The Cross-Licensing Agreement', accessed at: https://history.nasa.gov/SP-4103/ch2.htm.
23. http://www.hollywoodreporter.com/thr-esq/ warner-music-pays-14-million-863120.
24. http://www.hollywoodreporter.com/news/george-lucas-star-wars-288513.
25. http://theweek.com/articles/575363/star-wars-isnt-movie-franchise- toy-franchise.
26. http://americanhistory.si.edu/collections/search/object/nmah_630930.
27. https://www.tesla.com/blog/all-our-patent-are-belong-you.
28. Knee, J. A., Greenwald, B. C., and Seave, A., *The Curse of the Mogul* (New York: Profile, 2009; Kindle edn), ch. 2.
29. Rumelt, R., *Good Strategy Bad Strategy: The Difference and Why It Matters* (New York: Crown Business, 2011; Kindle edn), 122.
30. https://www.youtube.com/watch?v=PBg90zYM-pk.
31. Simon, H., *Confessions of the Pricing Man: How Price Affects Everything* (Switzerland: Springer, 2015; Kindle edn), ch. 4.
32. https://www.american-giant.com/our-story.html.
33. http://www.inc.com/ilan-mochari/2015-30-under-30-casper.html.
34. See note 28.
35. http://www.saudiaramco.com/en/home/about.html.
36. https://www.theguardian.com/business/2016/jun/16/ zara-profits-uk-sales-profits.
37. Keichel III, W., *Lords of Strategy: The Secret Intellectual History of the New Corporate World* (Boston: Harvard Business School Press, 2010; Kindle edn), ch. 13.
38. Grove, A. S., *Only the Paranoid Survive: How to Exploit the Crisis Points That Challenge Every Company* (New York: Random House, 1999), 48, 50, 68.

39. Magretta, J., *Understanding Michael Porter: The Essential Guide to Competition and Strategy* (Boston: Harvard Business Review Press, 2012; Kindle edn), ch. 5.
40. https://dealbook.nytimes.com/2010/09/23/blockbuster-files-for-bankruptcy/.
41. Christensen, C. M., *The Innovator's Solution: Creating and Sustaining Successful Growth* (Boston: Harvard Business Review Press, 2013; Kindle edn), ch. 6.
42. https://hbr.org/2014/06/how-to-succeed-in-business-by-bundling- and-unbundling.
43. Quammen, D., *The Song of the Dodo* (New York: Scribner, 1996), 11–12.
44. http://fortune.com/2014/06/23/telecom-companies-count-386-billion- in-lost-revenue-to-skype-whatsapp-others/.
45. https://www.bloomberg.com/ukinnovators/innovators/graze/.
46. Arthur, W. B., *The Nature of Technology: What It Is and How It Evolves* (New York: The Free Press, 2011; Kindle edn), ch. 10.
47. Ibid. ch. 7.
48. https://dealbook.nytimes.com/2012/01/19/eastman-kodak-files-for- bankruptcy/.
49. Arthur, W. B., *Complexity and the Economy* (Oxford: Oxford University Press, 2014), 69–70.
50. Shapiro, C., and Varian, H. R., *Information Rules: A Strategic Guide to the Network Economy* (Boston: Harvard Business Review Press, 1998; Kindle edn), ch. 7.
51. Seba, T, *Winners Take All: The Nine Fundamental Rules of High Tech Strategy* (San Francisco: Tony Seba, 2006), 184.
52. http://www.slideshare.net/gueste94e4c/dropbox-startup-lessons- learned-3836587.
53. http://www.huffingtonpost.com/2013/07/02/tinder-app-college-kids_ n_3530585.html.
54. https://www.cnet.com/news/why-sxsw-doesnt-need-another- twitter-moment/.
55. See note 50.
56. https://www.theguardian.com/technology/2016/apr/27/how-uber- conquered-london.
57. http://www.businessinsider.com/airbnbs-summer-reach-has-grown-by-353-times-in-5-years-2015-9.

第十二章

1. Butt, T., *Surf Science: An Introduction to Waves for Surfing* (2002; 3rd edn, Cornwall: Alison Hodge, 2014), ch. 2–7.
2. Netflix Q2 2016 Letter to Shareholders. Accessed at: http://files. shareholder.com/downloads/NFLX/2902023149x0x900152/4D4F0167-4BE2-4DC1-ACC7-759F1561CD59/Q216LettertoShareholders_FINAL_w_Tables.pdf.

3. Munger, C. T., *Poor Charlie's Almanack: The Wit and Wisdom of Charles T. Munger* (Virginia Beach: PCA Publication, 2008), 102.
4. Blank, S., *The Startup Owner's Manual* Pescadero: K. & S. Ranch, 2012; Kindle edn), ch. 1.
5. Ries, E., *The Lean Startup: How Today's Entrepreneurs Use Continuous Innovation to Create Radically Successful Businesses* (New York: Crown Publishing, 2011; Kindle edn), 160.
6. http://www.slate.com/articles/technology/technology/2012/12/american_ giant_hoodie_ this_is_the_greatest_sweatshirt_known_to_man.html.
7. http://www.bbc.com/news/business-21680884.
8. https://www.crossfit.com/.
9. DeMarco, T., *Slack* (New York: Dorset House, 2001).
10. Goddard, J., and Eccles, T., *Uncommon Sense, Common Nonsense: Why Some Organisations Consistently Outperform Others* (London: Profile Books, 2013), part 1: 'Winners and Losers'.
11. Grove, A. S., *Only the Paranoid Survive: How to Exploit the Crisis Points That Challenge Every Company* (New York: Random House, 1999), 3.
12. Although the phases I describe deviate from it, my thinking on this topic was heavily influenced by the adaptive life cycle proposed by Gunderson and Holling, who use the terms 'exploitation', 'conservation', 'release' and 'reorganisation' to describe the stages in the evolution of a complex adaptive system. See Gunderson, L. H., and Holling, C. S., *Panarchy: Understanding Transformations in Human and Natural Systems* (Washington DC: Island Press, 2001; Kindle edn), ch. 2.
13. John Glubb uses this term – 'the outburst' – to describe the aggressive expansion of a small conquering nation, whose characteristics resemble that of a successful start-up. See Glubb, J., *The Fate of Empires and Search for Survival* (Edinburgh: William Blackwood & Sons, 1976), 4.
14. Ibid. ch. 8.
15. Arthur, W. B., *The Nature of Technology: What It Is and How It Evolves* (New York: The Free Press, 2011; Kindle edn), ch. 7.
16. Christensen, C. M., *The Innovator's Solution: Creating and Sustaining Successful Growth* (Boston: Harvard Business Review Press, 2013; Kindle edn), ch. 1.
17. Meadows, D., *Thinking in Systems: A Primer* (White River Junction: Routledge, 2009), ch. 3.
18. Ibid. 124.

19. Holiday, R., *Ego is the Enemy* (New York: Portfolio/Penguin, 2016), part 2.
20. Kahneman, D., *Thinking, Fast and Slow* (London: Allen Lane, 2011), 256–9.
21. Miller, D., *The Icarus Paradox: How Exceptional Companies Bring About Their Own Downfall* (New York: Harper Business, 1991).
22. http://fortune.com/google-cfo-ruth-porat-most-powerful-women/.
23. Ibid. 112–14.
24. DeMarco, T., Hruschka, P., et al., *Adrenaline Junkies and Template Zombies* (New York: Dorset House, 2008), pattern 45: 'News Improvement'.
25. For more details see: Womack, J., *Gemba Walks* (expanded 2nd edn, Cambridge: Lean Enterprise Institute, 2013; Kindle edn).
26. Hoffer, E., *The True Believer* (1951; New York: HarperCollins e-books, 2010; Kindle edn), 10.
27. Drucker, P. F., *Landmarks of Tomorrow* (Oxford: Heinemann, 1996), 50–4.
28. https://www.framestore.com/about-us.
29. https://www.bloomberg.com/news/articles/2014-02-06/sony-ceo-credibility-takes-hit-with-1-1-billion-loss-forecast.

结语

1. http://www.forbes.com/sites/maggiemcgrath/2016/09/23/the-9- most-important-things-you-need-to-know-about-the-well-fargo- fiasco/#54667ddc7dcb.
2. http://www.latimes.com/business/la-fi-wells-fargo-sale-pressure- 20131222-story.html.
3. https://www.nytimes.com/2016/10/21/business/dealbook/voices-from- wells-fargo-i-thought-i-was-having-a-heart-attack.html.
4. https://www.nytimes.com/2016/09/09/business/dealbook/wells-fargo- fined-for-years-of-harm-to-customers.html.
5. See note 2.
6. http://www.wsj.com/articles/wells-fargo-to-pay-185-million-fine-over- account-openings-1473352548?mg=id-wsj.
7. https://www.bloomberg.com/news/articles/2016-09-27/wells-fargo-ceo-forfeits-more-than-41-million-amid-board-review.
8. http://www.forbes.com/sites/maggiemcgrath/2016/10/12/ embattled-wells-fargo-ceo-john-stumpf-is-retiring-effective- immediately/#5e2be52f46c4.
9. Horowitz, B., *The Hard Thing About Hard Things: Building a Business When There are No Easy Answers* (New York: HarperCollins, 2014; Kindle edn), ch. 4, 'Lead Bullets'.

参考文献

在研究网格的过程中,以下文本对我的思考提供了很大帮助,虽然大部分并未在文中直接引用,但它们仍旧值得肯定。

Adlin, T., and Pruitt, J., *The Essential Persona Lifecycle: Your Guide to Building and Using Personas* (Burlington: Morgan Kaufmann, 2010).

Alvesson, M., and Spicer, A., *The Stupidity Paradox* (London: Profile Books, 2016).

Arthur, W. B., *Increasing Returns and Path Dependence in the Economy* (University of Michigan Press, 1994).

——, *The Nature of Technology: What It Is and How It Evolves* (New York: The Free Press, 2011).

——, *Complexity and the Economy* (Oxford: Oxford University Press, 2014).

Asacker, T., *The Business of Belief* (Tom Asacker, 2013).

Augustine, N. R., *Augustine's Laws* (New York: American Institute of Aero- nautics and Astronautics, 1983).

Axelrod, R., *The Evolution of Cooperation* (New York: Basic Books, 1984).

Beall, A. E., *Strategic Market Research: A Guide to Conducting Research that Drives*

Businesses (Bloomington: iUniverse, 2010).

Berger, J., *Contagious: Why Things Catch On* (New York: Simon & Schuster, 2013).

Berkun, S., *The Myths of Innovation* (Sebastopol: O'Reilly Media, 2007).

Berman, K., Knight, J., with Case, J., *Financial Intelligence: A Manager's Guide to Knowing What the Numbers Mean* (Boston: Harvard Business Review Press, 2013).

Berry, L., and Parasuraman, A., *Marketing Services: Competing Through Quality* (New York: The Free Press, 1991).

Beyer, H., and Holtzblatt, K., *Contextual Design: Defining Customer-Centered Systems* (San Fransisco: Morgan Kaufmann, 1998).

Blank, S., *The Startup Owner's Manual* (Pescadero: K. & S. Ranch, 2012).

Blau, K., Franco, Z. E., and Zimbardo, P. G., *Heroism: A Conceptual Analysis and Differentiation Between Heroic Action and Altruism* (Washington DC: Review of General Psychology, 2011).

Bloom, P., *How Pleasure Works* (London: The Bodley Head, 2010).

Bragg, S. M., *Cost Management* (Centennial: Accounting Tools Inc, 2014).

Brandt, R. L., *One Click* (London: Penguin Group, 2011).

Buffett, W. E., and Olson, M., *Berkshire Hathaway Letters to Shareholders 1965–2015* (Mountain View: Explorist Productions, 2015).

Burlingham, B., *Small Giants: Companies that Choose to Be Great Instead of Big* (2005; 10th anniversary edn, New York: Portfolio/Penguin, 2016).

Byman, J., *Andrew Grove and the Intel Corporation* (Greensboro: Morgan Reynolds, 1999).

Caldwell, L., *The Psychology of Price: How to Use Price to Increase Demand, Profit and Customer Satisfaction* (Richmond: Crimson Publishing, 2012).

Chouinard, Y., *Let My People Go Surfing* (New York: The Penguin Press, 2005).

Christensen, C. M., *The Innovator's Dilemma* (Boston: Harvard Business Press, 1997).

——, *The Innovator's Solution: Creating and Sustaining Successful Growth* (Boston: Harvard Business Review Press, 2013).

——, *The Clayton M. Christensen Reader* (Boston: Harvard Business Review Press, 2016).

Christensen, C. M., Allworth, J., and Dillon, K., *How Will You Measure Your Life* (New York: HarperCollins, 2012).

Chwe, M. S. K., *Jane Austen, Game Theorist* (Princeton: Princeton University Press, 2013).

Cokins, G., *Activity-Based Cost Management: An Executive's Guide* (New York: John Wiley & Sons, 2001).

Collins, J., *Good To Great* (London: Random House, 2001).

——, *Built to Last* (London: Random House, 2005).

Cooper, A., Reimann, R., and Cronin, D., *About Face 3* (Indianapolis: Wiley Publishing, 2007).

Cope, N., *The Seven Cs of Consulting* (Harlow: Financial Times/Prentice Hall, 2003).

Courage, C., and Baxter, K., *Understanding Your Users* (San Francisco: Morgan Kaufmann, 2005).

Cowen, T., *The Great Stagnation* (Boston: Dutton, 2011).

Csikszentmihalyi, M., *Flow: The Psychology of Optimal Experience* (New York: HarperCollins, 1990).

Davidson, N., *Don't Just Roll The Dice: A Usefully Short Guide To Software Pricing* (Cambridge: Simple Talk Publishing, 2009).

De Botton, A., *Status Anxiety* (London: Penguin Books, 2005).

Deci, I. L., and Ryan, R. M., *Intrinsic Motivation and Self-Determination in Human Behavior* (New York: Plenum Press, 1985).

DeMarco, T., *Slack* (New York: Dorset House, 2001).

DeMarco, T., Hruschka, P., et al, *Adrenaline Junkies and Template Zombies* (New York: Dorset, 2008).

Dettmer, H. W., *Breaking the Constraints to World-Class Performance* (Milwaukee: ASQ Quality Press, 1998).

Dobelli, R., *The Art of Thinking Clearly* (London: Sceptre, 2013).

Drucker, P. F., *Landmarks of Tomorrow* (Oxford: Heinemann, 1996).

——, *The Daily Drucker* (Oxford: Butterworth-Heinemann, 2005).

——, *Innovation and Entrepreneurship* (Oxford: Butterworth-Heinemann, 2007).

——, *The Five Most Important Questions You Will Ever Ask About Your Organisation* (San Francisco: Jossey-Bass, 2008).

Ekman, P., *Emotions Revealed* (London: Weidenfeld & Nicolson, 2003).

Evans, D., *Emotion: A Very Short Introduction* (Oxford: Oxford University Press, 2001).

Farris, P. W., Bendle, N. T., Pfeifer, P. E., and Reibstein, D. J., *Key Marketing Metrics: The 50+ Metrics Every Manager Needs to Know* (Harlow: Pearson Education, 2009).

Festinger, L., *A Theory of Cognitive Dissonance* (California: Stanford University Press, 1957).

Fleming, N., *Evergreen: Cultivate the Enduring Customer Loyalty that Keeps your Business Thriving* (New York: Amacom, 2015).

Freed, L., *Innovating Analytics: How the Next Generation of Net Promoter Can Increase Sales and Drive Business Results* (Hoboken: John Wiley & Sons, 2013).

Fried, J., and Heinemeier Hansson, D., *ReWork* (London: Vermilion, 2010).

Galinsky, A., and Schweitzer, M., *Friend & Foe: When to Cooperate, When to Compete, and How to Succeed at Both* (London: Random House, 2015).

Gallagher, N., and Myers, L., eds., *Patagonia Tools for Grassroots Activists* (Ventura: Patagonia Books, 2016).

Gardner, J. G., *Self-Renewal and the Innovative Society* (New York: W. W. Norton and Company, 1995).

Gassmann, O., and Frankenberger, K., *The Business Model Navigator: 55 Models That Will Revolutionise Your Business* (London: FT Publishing, 2015).

Gawande, A., *The Checklist Manifesto* (London: Profile Books, 2010).

Glubb, J., *The Fate of Empires and Search for Survival* (Edinburgh: William Blackwood & Sons, 1976).

Gobé, M., *Emotional Branding* (New York: Allworth Press, 2009).

Goddard, J., and Eccles, T., *Uncommon Sense, Common Nonsense: Why Some Organisations Consistently Outperform Others* (London: Profile Books, 2013).

Goldratt, E. M., and Cox, J., *The Goal: A Process of Ongoing Improvement* (1984; 30th anniversary edn, Great Barrington: The North River Press Publishing Corporation, 2014).

Greene, R., *The Concise 48 Laws of Power* (London: Profile Books, 1998).

——, *The Concise Art of Seduction* (London: Profile Books, 2003).

——, *Mastery* (London: Profile Books, 2013).

Gross, D., *Forbes Greatest Business Stories of All Time* (Hoboken: John Wiley & Sons, 1996).

Grove, A. S., *High Output Management* (New York: Vintage Books, 1983).

——, *Only the Paranoid Survive: How to Exploit the Crisis Points That Chal- lenge Every Company* (New York: Random House, 1999).

Gunderson, L. H., and Holling, C. S., *Panarchy: Understanding Transforma- tions in Human and Natural Systems* (Washington DC: Island Press, 2001).

Hankel, I., *Black Hole Focus* (Chichester: Capstone, 2014).

Higgins, T., *Beyond Pleasure and Pain: How Motivation Works* (New York: Oxford University Press, 2012).

Hoekman Jr., R., *Designing the Obvious* (Berkeley: New Riders, 2007).

Hoffer, E., *The True Believer* (1951; New York: HarperCollins e-books, 2010).

Holden, R. K., and Burton, M. R., *Pricing With Confidence: 10 Ways to Stop Leaving Money on the Table* (Hoboken: John Wiley & Sons, 2008).

Holiday, R., *The Obstacle Is the Way: The Ancient Art of Turning Adversity to Advantage*

(London: Profile Books, 2014).

——, *Ego Is the Enemy* (New York: Portfolio/Penguin, 2016).

Horowitz, B., *The Hard Thing About Hard Things: Building a Business When There are No Easy Answers* (New York: HarperCollins, 2014).

Humby, C., Hunt, T., and Phillips, T., *Scoring Points: How Tesco Continues to Win Customer Loyalty* (London: Kogan Page, 2008).

Iacocca, L., with Novak, W., *Iacocca: An Autobiography* (New York: Bantam, 1984).

Isaacson, W., *Steve Jobs* (London: Little, Brown, 2011).

——, *The Innovators* (London: Simon & Schuster, 2014).

Ittelson, T. R., *Financial Statements* (Franklin Lakes: Career Press, 2009).

Jenson, S., *The Simplicity Shift* (Cambridge: Cambridge University Press, 2002).

Johnson, S., *Guide to Intellectual Property: What it is, how to protect it, how to exploit it* (London: Profile Books, 2015).

Jones, D., *Who Cares Wins* (London: Pearson Education, 2012).

Kahneman, D., *Thinking, Fast and Slow* (London: Allen Lane, 2011).

Kamprad, I., *The Testament of a Furniture Dealer* (Inter IKEA Systems BV, 1976).

Kasparov, G., *How Life Imitates Chess* (London: William Heinemann, 2007).

Keichel III, W., *Lords of Strategy: The Secret Intellectual History of the Corporate World* (Boston: Harvard Business School Press, 2010).

Keltner, D., *The Power Paradox: How We Gain and Lose Influence* (New York: Penguin Press, 2016).

KesselsKramer, *Advertising For People Who Don't Like Advertising* (London: Laurence King Publishing, 2012).

Knee, J. A., Greenwald, B. C., and Seave, A., *The Curse of the Mogul* (New York: Profile Books, 2009).

Knight, P., *Shoe Dog: A Memoir by the Creator of Nike* (London: Simon & Schuster, 2016).

Kordupleski, R., *Mastering Customer Value Management* (Cincinnati: Pinnaflex, 2003).

Krishna, A., *Sensory Marketing* (New York: Routledge, 2010).

Krug, S., *Don't Make Me Think* (Indianapolis: New Riders, 2000).

Lafley, A. G., and Martin, R. L., *Playing to Win: How Strategy Really Works* (Boston: Harvard Business Review Press, 2013).

Lanning, M. J., *Delivering Profitable Value* (Cambridge: Basic Books, 1998).

Lehrer, J., *How We Decide* (New York: First Mariner Books, 2009).

Liddell Hart, B. H., *Strategy* (London: Faber & Faber, 1954).

Lidwell, W., Holden, K., and Butler, J., *Universal Principles of Design* (Glouces- ter, Massachusetts: Rockport Publishers, 2003).

Liker, J. K., *The Toyota Way* (New York: McGraw-Hill, 2004).

Lipton, B. H., *The Biology of Belief: Unleashing the Power of Consciousness, Matter & Miracles* (2005; new ednLondon: Hay House, 2015).

Livingston, J., *Founders at Work* (Berkeley: Apress, 2007).

Loewy, R., *Never Leave Well Enough Alone* (New York: Simon & Schuster, 1950).

Lovell, N., *The Curve: How Smart Companies Find High-Value Customers* (London: Portfolio/Penguin, 2013).

Maeda, J., *The Laws of Simplicity* (Cambridge, Massachusetts: MIT Press, 2006).

Magretta, J., *Understanding Michael Porter: The Essential Guide to Competition and Strategy* (Boston: Harvard Business Review Press, 2012).

Martin, R. L., *Fixing the Game: Bubbles, Crashes, and What Capitalism Can Learn from the NFL* (Boston: Harvard Business School Publishing, 2011).

Matthews, G., Davies, D. R., et al., *Human Performance: Cognition, Stress and Individual Differences* (Hove: Psychology Press, 2000).

McDonald, M., and Dunbar, I., *Market Segmentation: How to Do it and How to Profit from it* (Chichester: John Wiley & Sons, 2012).

McJohn, S. M., *Examples & Explanations: Intellectual Property* (New York: Wolters Kluwer, 2015).

McNish, J., Silcoff, S., *Losing the Signal: The Untold Story Behind the Extraor- dinary Rise and Spectacular Fall of BlackBerry* (New York: Flatiron Books, 2015).

Meadows, D., *Thinking in Systems: A Primer* (White River Junction: Chelsea Green Publishing, 2009).

Merholz, P., Schauer, B., et al., *Subject to Change* (Sebastopol: O'Reilly Media, 2008).

Merlin, B., *The Complete Stanislavsky Toolkit* (London: Nick Hern Books, 2007).

Miller, D., *The Icarus Paradox: How Exceptional Companies Bring About Their Own Downfall* (New York: Harper Business, 1991).

Mitchell, M., *Complexity: A Guided Tour* (Oxford: Oxford University Press, 2009).

Moore, G. A., *Crossing the Chasm: Marketing and Selling Disruptive Products to Mainstream Customers* (New York: Harper Business, 2014).

Mohammed, R., *The 1% Windfall: How Successful Companies Use Price to Profit and Grow* (New York: HarperCollins e-books, 2010).

Morgan, G., *Images of Organisation* (Newbury Park: Sage Publications, 1986).

Mulder, S., and Yaar, Z., *The User is Always Right* (Berkeley: New Riders, 2007).

Munger, C. T., *Poor Charlie's Almanack: The Wit and Wisdom of Charles T. Munger* (Virginia Beach: PCA Publication, 2008).

Musashi, M., *The Book of Five Rings*, tr. T. Cleary (Boston: Shambhala Productions, 1993).

Myers, T. W., *Anatomy Trains* (London: Elsevier, 2009).

Nagle, T. T., Hogan, J. E., and Zale, J., *The Strategy and Tactics of Pricing* (New Jersey: Prentice Hall, 2011).

Neumeier, M., *The Brand Flip: Why Customers Now Run Companies – and How to Profit From It* (San Francisco: Peachpit, 2015).

Niedenthal, P. M., Krauth-Gruber, S., and Ric, F., (2006) *Psychology of Emotion* (New York: Psychology Press, 2006).

Norman, D. A., *Emotional Design* (New York: Basic Books, 2004).

Osterwalder, A., and Pigneur, Y., *Business Model Generation* (New Jersey: John Wiley & Sons, 2010).

Palfrey, J., *Intellectual Property Strategy* (Cambridge: The MIT Press, 2011).

Parkinson, C. N., *Parkinson's Law* (New York: Buccaneer Books, 1957).

Patnaik, D., and Mortensen, P., *Wired to Care* (New Jersey: FT Press, 2009).

Perez, C., *Technological Revolutions and Financial Capital: The Dynamics of Bubbles and Golden Ages* (Cheltenham: Edward Elgar Publishing, 2002).

Pfenning, D., and Pfenning, K., *Evolution's Wedge: Competition and the Origins of Diversity* (Berkeley: University of California Press, 2012).

Phillips, G. D., *Stanley Kubrick Interviews* (Jackson: University Press of Mississippi, 2001).

Pink, D. H., *Drive: The Surprising Truth About What Motivates Us* (New York: Canongate Books, 2009).

Poltorak, A. I., and Lerner, P. J., *Essentials of Intellectual Property* (Hoboken: John Wiley & Sons, 2011).

Porter, M. E., *Competitive Advantage: Creating and Sustaining Superior Performance* (New York: The Free Press, 1985).

——, *Competitive Strategy: Techniques for Analysing Industries and Competitors* (New York: The Free Press, 1998).

Poundstone, W., *Priceless: The Hidden Psychology of Value* (Oxford: Oneworld Publications, 2010).

Pricken, M., *The Essence of Value* (Erlangen: Publicis, 2014).

Quammen, D., *The Song of the Dodo* (New York: Scribner, 1996).

Rams, D., *Less But Better* (Hamburg: Jo Klatt Design + Design Verlag, 1995).

Ratneshwar, S., Mick, D. G., and Huffman, D., *The Why of Consumption* (New York: Routledge, 2000).

Read, L., *I, Pencil* (Atlanta: Foundation for Economic Education, 2010).

Reason, J., *Human Error* (New York: Cambridge University Press, 1990).

——, *The Human Contribution: Unsafe Acts, Accidents and Heroic Recoveries* (Farnham: Ashgate Publishing, 2008).

Reichheld, F., and Markey, R., *The Ultimate Question 2.0* (Boston: Harvard Business School Publishing, 2011).

Reisman, D., *The Lonely Crowd* (New Haven: Yale University Press, 1961).

Rich, B. R., and James, L., *Skunk Works* (London: Sphere, 1994).

Ridley, M., *The Origins of Virtue* (London: Penguin, 1996).

Ries, A., and Trout, J., *Positioning: The Battle For Your Mind* (New York: McGraw-Hill, 2000).

Ries, E., *The Lean Startup: How Today's Entrepreneurs Use Continuous Innovation to Create Radically Successful Businesses* (New York: Crown Publishing, 2011).

Ries, L., *Visual Hammer* (Laura Ries, 2015).

Robertson, D. C., *Brick by Brick: How LEGO Rewrote the Rules of Innovation* (London: Random House Business Books, 2013).

Rogers, E. M., *Diffusion of Innovations* (5th edn, New York: Free Press, 2003).

Rumelt, R., *Good Strategy Bad Strategy: The Difference and Why It Matters* (New York: Crown Business, 2011).

Schumacher, E. F., *Small is Beautiful: A Study of Economics as if People Mattered* (London: Vintage Books, 1973).

Schwartz, B., *The Paradox of Choice: Why More is Less* (New York: Harper Perennial, 2004).

Scruton, R., *Beauty* (Oxford: Oxford University Press, 2009).

Seba, T., *Winners Take All: The Nine Fundamental Rules of High Tech Strategy* (San Francisco: Tony Seba, 2006).

Segal, G. Z., *Getting There: A Book of Mentors* (New York: Abrams Image, 2015).

Shapiro, C., and Varian, H. R., *Information Rules: A Strategic Guide to the Network Economy* (Boston: The Harvard Business Review Press, 1998).

Sharp, B., *How Brands Grow: What Marketers Don't Know* (South Melbourne: Oxford University Press, 2016).

Shaw, C., *The DNA of Customer Experience: How Emotions Drive Value* (Basingstoke: Palgrave Macmillan, 2007).

Sherman, A. J., *Harvesting Intangible Assets* (New York: Amacom, 2012).

Silver, N., *The Signal and the Noise* (London: Allen Lane, 2012).

Simon, H., *Confessions of the Pricing Man: How Price Affects Everything* (Switzerland: Springer, 2015).

Sun, L., *The Fairness Instinct: The Robin Hood Mentality and Our Biological Nature* (New York: Prometheus Books, 2013).

Sung, E., *Customer Moat: How Loyalty Drives Profit* (Eddie Sung, 2016).

Taleb, N. N., *Fooled by Randomness: The Hidden Role of Chance in Life and the Markets* (New York: Random House, 2005).

——, *Antifragile: Things that Gain from Disorder* (London: Penguin, 2012).

Taylor, F. W., *The Principles of Scientific Management* (New York: Harper & Bros, 1911).

Techt, U., *Goldratt and the Theory of Constraints: The Quantum Leap in Management* (Stuttgart: Ibidem Press, 2015).

Thaler, R. H., *Misbehaving: The Making of Behavioural Economics* (London: Allen Lane, 2015).

Thayer, R., *The Origin of Everyday Moods* (New York: Oxford University Press, 1996).

Thorndike, W. N., *The Outsiders: Eight Unconventional CEOs and Their Radically Rational Blueprint for Success* (Boston: Harvard Business Review Press, 2012).

Tiger, L., *The Pursuit of Pleasure* (New Jersey: Transaction Publishers, 2000).

Tsu, S., The Art of War (Boston: Shambala Classics, 2001).

Tufte, E., *Envisioning Information* (Connecticut: Graphics Press, 1990).

Turke, S., *Evocative Objects* (Cambridge, Massachusetts: The MIT Press, 2007).

Vance, A., *Elon Musk: How the Billionaire CEO of SpaceX and Tesla is Shaping our Future* (London: Ebury Publishing, 2015).

Vinjamuri, D., *Accidental Branding: How Ordinary People Build Extraordinary Brands* (Hoboken: John Wiley & Sons, 2008).

Vogelstein, F., *Battle of the Titans: How the Fight to the Death Between Apple and Google is Transforming our Lives* (London: William Collins, 2013).

Watkinson, M., *The Ten Principles Behind Great Customer Experiences* (Harlow: FT Press, 2013).

Watzlawick, P., Erickson, M. H., et al., *Change: Principles of Problem Formula- tion and Problem Resolution* (Place?: W. W. Norton and Co, 2011).

White, F., *The Overview Effect* (New York: American Institute of Aeronautics and Astronautics, 2014).

Wickens, C. D., and Hollands, J. G., *Human Psychology and Engineering Performance* (New Jersey: Prentice Hall, 2000).

Wileman, A., *Driving Down Cost: How to Manage and Cut Costs – Intelligently* (London: Nicholas Brealey Publishing, 2010).

Winograd, T., *Bringing Design to Software* (New York: ACM Press, 1996).

Womack, J., *Gemba Walks* (expanded 2nd edn, Cambridge: Lean Enterprise Institute, 2013).

致　谢

我想借此机会向我的妻子路易莎表达感谢，感谢她的不懈支持、鼓励和理解。还有帕特里克·沃尔什和卡莉·普利特，他们对本书酝酿期间的建议弥足珍贵。还要感谢兰登书屋的奈杰尔·威尔科森，他负责本书的制作和编辑。

还有我亲爱的朋友、知己、外号为"简短部长"的本·史密斯，无论我做了什么，他总是能找到一种方法让事情变得更好。感谢娜塔莉·马列夫斯基，她从一开始就参与了本书诞生的旅程，并且一路上始终保持热情。还有我的家人约翰·沃特金森和霍华德·沃特金森。感谢阿瑟·诺斯为本书制作了精美的图标，还有彼得·克雷默及其Dekoratio设计室团队负责的平面设计，还要感谢摄影师帕诺斯·达马斯基尼蒂斯的付出。

我由衷感谢以下人士的反馈和见解：卡巴·康科利、沃尔特·凯切尔、亚历克斯·布罗玛奇、伊恩·斯托拉、戴安娜·麦肯齐、雪莱·斯坦福、约翰·麦迪根、米凯尔·雷切尔、约翰·西弗莱特、凯特·方科、戴维·平德、西奥纳德·罗宾逊、马可·塞勒、罗里·萨瑟兰、安迪·普迪科姆、安娜·伯格、亚尼娜·鲁斯蒂格、菲利普·罗利、艾玛·霍尼伯恩、艾德·里德、蒂姆·利克、斯科特·雷迪克、布鲁斯·兰普科夫、托马斯·埃里克森、安妮·海农、尼克·利弗西、克里夫·史蒂文森、约翰·希尔斯、亚当·比斯、马克·辛普森、马克·普罗维西罗、洛娜·莫里斯、罗兰·吉拉兹、奈杰尔·佩珀、伯纳德·格林维尔·琼斯、邦妮·奥斯汀、山姆·阿伯恩、克里斯汀·佩克和罗伯·艾萨克斯等。

感谢妮可·帕森斯为我带来的灵感和启发。

感谢我的佛教社区成员，他们对我的指导和鼓励堪称无价。他们是：金·厄普顿、肖恩和利兹·鲁伊斯以及比弗利山庄的所有莲花狮子区的成员们。

感谢那些既全力支持我，又帮我调节注意力的朋友：汉斯·米尔斯、詹姆斯·库珀、亚当·戴维斯、威尔·斯科特、梅根·巴特勒、本·沃尔、德拉扎·扬斯基、拉斐尔·科尔森、布鲁克·韦斯科特、乔诺·奥康纳。

最后，向数以百计的作家同行致敬，我从阅读他们的作品中获益匪浅。